Der kleine
Island
Verführer

*Wir Isländer geben nie auf. Es gibt dafür
eine sehr gute Wendung: Það réddast!
Es wird schon irgendwie klappen!*

Vigdís Finnbogadóttir

BRUCKMANN

Der kleine

Island Verführer

Impressionen von der
Insel der Fjorde, Küsten
und Vulkane

Hans Klüche · Erik Van de Perre

Inhalt

Provinzmetropole Akureyri bis zu den Ausläufern der Lavawüste Ódáðahraun findet sich hier ein Paket faszinierender Eindrücke.

Der Osten – Mehr als ein Transit: die Ostfjorde   94
Möðrudalur – Herðubreið – Húsey – Seyðisfjörður – Egilsstaðir – Lögurinn – Mjóifjörður – Reyðarfjörður – Fáskrúðsfjörður – Stöðvarfjörður – Berufjörður
Obwohl die Schönheiten der Ostfjorde schnell ins Auge springen, gilt diese Küstenlandschaft immer noch als Geheimtipp. Die meisten Straßen sind landschaftlich schöne Strecken mit atemberaubenden Ausblicken.

Der Süden – Wo Island in den Atlantik wächst   106
Höfn – Vatnajökull – Skaftafell – Skeiðarársandur – Bárðarbunga – Mýrdalsjökull – Katla – Mýrdalssandur – Vestmannaeyjar
Der Vatnajökull ist ein Highlight, aber nicht allein Eis bestimmt das Gesicht Südislands. Eine vulkanisch hochaktive Zone von den Westmänner-Inseln bis unter die Eiskappe des Vatnajökull zeigt feurige »Exponate« wie die Laki-Krater; der riesige Katla-Geopark umfasst neben Sekundärfolgen des Vulkanismus pittoreske Wasserfälle, Vogelklippen und Felsentore, die das Meer aus Lavagestein modelliert hat.

Das Hochland – Europas letztes Abenteuerland?   124
Kjalvegur – Herðubreiðarlindir – Víti – Kverkfjöll – Hveravellir
Islands unbesiedeltes Landesinnere, das Hochland, lockt mit einem gehörigen Schuss Abenteuer, aber es gibt auch Pisten für alle Fahrzeuge, solide Hütten – und heiße Bäder.

Die Top Ten Islands   136

Hunderte Basstölpel bevölkern den Felsen Stóri Karl an der Küste der Halbinsel Langanes im Osten Islands.

Die feurige Braut im Nordatlantik

Willkommen in Island

Zwei bis drei Stunden nach dem Start von einem mitteleuropäischen Flughafen wird es in der rechten Hälfte des Jets unruhig. Jeder will einen Blick aus dem Fenster erhaschen: Wie um die Bedeutung seines Namens zu unterstreichen, streckt Island – eigentlich »Eisland« – allen Ankömmlin-

gen den Vatnajökull entgegen, die größte Eismasse, die die Erde außerhalb der Antarktis und des grönländischen Inlandeises kennt. Kein anderer Anflug auf ein Ziel in Europa kann mit diesem Anblick konkurrieren – ein beeindruckend ungewohntes Bild für uns Mitteleuropäer.

Mitten in dieser von wilden Gebirgen getragenen Eislandschaft demonstrierte Island im Spätsommer 1996 drastisch, was das Klischee vom »Land aus Feuer und Eis« meint: Der Vulkan Bárðarbunga ließ bei einem Ausbruch binnen drei Tagen die 600 Meter dicke Eisschicht über sich schmelzen, überzog den Vatnajökull mit reichlich Asche und hinterließ

ein beeindruckendes Loch im Eispanzer. Mehrere Kubikkilometer Eis schmolzen in wenigen Tagen zu Milliarden Liter Wasser, die über die flachen, schwarzen Sanderflächen als gewaltige, mit hausgroßen Eisbrocken durchsetzte Flutwelle Richtung Meer schossen. Sie hinterließ große Lücken in der Ringstraße, Islands wichtigster Landverbindung, Sollbruchstellen in Leichtbauweise, die isländische Art, sich mit dem rauen Land und seinen harschen Bedingungen zu arrangieren.

Insgesamt erscheint Island aus der Flughöhe eines Jets karg und rau. Wenig deutet auf die Anwesenheit von Menschen hin, und auch die Landebahnen des Keflavíkurflugvöllur, des internationalen Flughafens von Keflavík, wo die meisten Reisenden isländischen Boden betreten, ziehen sich durch ein unwirtliches Lavafeld, in dem der moderne Terminal wie eine Raumstation auf einem entfernten Planeten wirkt. Geradezu symbolisch liegt der Flughafen an einer Nahtstelle zwischen alter und neuer Welt auf einer nach Südwesten in den Atlantik ragenden

Links: Papageitaucher schnäbeln am Látrabjarg. — Rechts: So lieblich die Details auch sind, der Blick auf das Ganze offenbart ein wildes Land wie hier am Álftavatn.

Halbinsel. Deren Silhouette ist zwar nicht so perfekt wie Italien, aber erinnert doch auch an einen Stiefel. Unzählige Erdspalten in dieser oberirdischen Fortsetzung des mittelatlantischen Rückens zeigen, dass hier die Kontinentalplatten Amerikas und Eurasiens auseinanderdriften. Umrahmt wird Reykjanes von einem Mix aus steilen Vogelfelsen, Dünen und Stränden mit pechschwarzem Sand. Ornithologen lieben die Halbinsel, bietet sie ihnen doch sowohl Islands heimische Meeres- und Küstenvögel als auch während der Vogelzüge viele Watvögel und Gänsearten zur Beobachtung.

Wie für die Vögel ist auch der Flughafen von Keflavik seit den Kindertagen des Nordatlantik-Flugverkehrs ein wichtiger Stopp auf dem Weg zwischen Nordamerika und Europa. Der Terminal trägt den Namen des Isländers Leifur Eiríksson, des ersten Europäers, der um das Jahr 1000 seinen Fuß auf amerikanischen Boden setzte. Und für die, die immer schon wissen wollten, wo die modernen Jets herkommen, steht die Antwort vor dem Terminal: Im »Jet-Nest« von Magnús Tómasson schlüpft ein Flugzeug aus einem überdimensionalen Stahl-Ei.

Ein hochmoderner Airport voller Lifestyle-Shops, benannt nach einem alten Wikinger, eine moderne Großplastik vor rauer wie spektakulärer Landschaftskulisse, beeindruckende Naturbegegnungen und bei klarer Sicht weit im Norden am Horizont die Silhouette des Snæfellsjökull, eines

vergletscherten Ex-Vulkans – all das fasst in den Minuten der Ankunft das bevorstehende Erlebnis Island zusammen: faszinierende Natur, moderne Annehmlichkeiten, lebendige Kultur.

Island begegnen

Für Kontraste zu vielen Island-Klischees sorgt auf jeden Fall die 45-Minuten-Fahrt vom Flughafen ins Zentrum von Reykjavík: Gut zwei Drittel aller Isländer leben in der Hauptstadtregion. Für diese Menschen wird Wohnraum gern mit ausgefallener Betonarchitektur mehr in die Breite als in die Höhe gebaut: Reykjavík wirkt auf den ersten Blick amerikanisch mit breiten Straßen und Shopping-Malls, aber Islands Metropole vereint im Kern dann doch europäischen Charme, Pep und Lebenslust. Will man von Island mehr sehen, geben die Verkehrswege zuerst einmal eine Fahrt rund um die Insel auf der Ringstraße vor: durch grünes Bauernland im Westen und Nordwesten, durch faszinierend einsame Schotterwüsten im Nordosten, entlang der Ostfjorde und über die unendlich erscheinenden Sanderflächen zu Füßen der Gletscher im Süden: mehr als 1400 grandiose Sightseeing-Kilometer von Reykjavík bis Reykjavík. Wer den Weg abkürzen will, muss das unbewohnte Landesinnere queren, das Hochland. Bis vor wenigen Jahren war das ausschließlich mit geländegängigen, allradgetriebenen Fahrzeugen oder auf Islandpferden machbar. Nach wie vor sind die meisten Hochlandrouten holprig und fordernd für Fahrer und Fahrzeug, aber selbst dieser unwirtliche Teil des Landes wird immer besser erschlossen. Mit dem Kjalvegur, der Route über das Kjölur-Hochplateau, ist inzwischen eine der Hochlandstrecken den Sommer hindurch und bei normalen Witterungsbedingungen mit jedem

Links: Die Skógá formt in Islands Süden sehenswerte Wasserfälle. – Rechts: Campingplatz Skaftafell im Vatnajökulsþjóðgarður, dem Vatnajökull-Nationalpark

Pkw zu bewältigen. Und wo bis weit in die 1990er-Jahre jede Fahrt ins Hochland eine Fahrt ins Ungewisse war, zeigt das nationale Straßenverkehrsamt heute minutenaktuell Pistenzustand und eventuelle Sperrungen online. Das gilt für alle Straßen im Land inklusive Webcam-Übertragungen von wichtigen Kreuzungen und Streckenabschnitten.

Hat man die Insel auf ersten Reisen bereits kennengelernt, kann man sich nun dem »Island für Fortgeschrittene« zuwenden: Neben Touren in entlegene Teile des Hochlands, sind vor allem die Halbinseln im Westen und Nordwesten, die sich weit ins Nordmeer hinausschieben (wie Snæfellsnes, die zergliederten Westfjorde oder Melrakkaslétta), einen Besuch wert, ebenso der menschenarme Nordosten, mit seinen kleinen, gastfreundlichen Orten. Dazu gehört Raufarhöfn: Keine andere Siedlung auf dem isländischen Festland liegt so nah am Polarkreis. 15 Kilometer sind es von Raufarhöfn zum nördlichsten Landflecken mit dem Leuchtturm Hraunhafnartangaviti, und der liegt gerade noch zwei Kilometer unter dem Polarkreis. Wenn man also auf dem Festland echte Mitternachtssonne erleben will, dann ist man hier am nächsten dran. Island liegt nämlich längst nicht so weit nördlich, wie viele glauben. Nur die kleine Insel Grímsey, etwa 40 Kilometer vor der Nordküste oberhalb Akureyri, liegt direkt auf dem Polarkreis – Schildermast mit Wegweisern in alle Welt inklusive. Ansonsten sind die ganz großen Attraktionen auf Islands »Extremitäten« rarer als im Rest des Landes, dafür erlebt man ein viel ursprünglicheres Island abseits der großen Touristenrouten.

Junges Land zwischen Europa und Amerika

Island zählt zu den geologisch jüngsten Landflächen der Erde und ist immer noch nicht vollendet: Eine vulkanisch hochaktive Zone zieht sich mit einigen Versatzsprüngen von den Westmänner-Inseln im Süden quer über die Insel am Mývatn vorbei bis ins Nordmeer. Seit Menschen im 9. Jahrhundert nach Island kamen und Chronisten das Geschehen fest-

Links: Mit dem Schneemobil in die Eiswüsten der Gletscher –
Rechts: Die Gletscherlagune Jökulsárlón vor Islands höchstem Bergmassiv

halten, erlebte das Land rund 200 Vulkanausbrüche – statistisch etwa alle fünf bis sieben Jahre einen. Die Chronik des Feuerspeiens der letzten Jahrzehnte spricht eine deutliche Sprache: 1973 Heimaey, 1975 bis 1984 Krafla, 1970, 1980/81, 1991 und 2000 Hekla, 1999 und 2011 kleinere, subglaziale Eruptionen der Katla unter dem Mýrdalsjökull, die sich nur durch Gletscherläufe belegen ließen, 1996, 2004, 2011 und 2014 Ausbrüche um Grímsvötn/Bárðarbunga im Vatnajökull-Massiv und 2010 der Vulkan, der der ganzen Welt zeigte, welche Power das kleine Island in sich hat und wie schwierig seine Namen auszusprechen sind: Der Eyjafjallajökull – sprich Äijafjatlajökütll.

Im Jahr 1963 tauchte vor der Südküste am Rande der Westmänner-Inseln sogar unvermittelt die Vulkaninsel Surtsey aus dem Meer auf und wuchs bis auf 174 Meter Höhe und etwa 2,6 Quadratkilometer Fläche heran. Natürlich nagen Wind, Wetter und Wellen permanent an dem porösen und lockeren Lavamaterial, sodass die Fläche inzwischen auf wenig mehr als einen Quadratkilometer reduziert ist – vielleicht hilft es da etwas, dass die Insel 2008 neben dem Nationalpark Þingvellir zu

Islands zweitem UNESCO-Welterbe ernannt wurde. Nur Wissenschaftler haben bis heute Zutritt auf Surtsey. Sie können in einem eindrucksvollen Feldversuch erforschen, wie etwa vor 20 Millionen Jahren die ersten Flecken Islands aus dem Meer wuchsen und zu Land wurden, und wie überhaupt Leben von neugeborenem Land Besitz ergreift.

Auf Island sind alle Vulkantypen der Erde vertreten: Mächtige Zentralvulkane wie die Hekla, aufgebaut bei über 20 Ausbrüchen in den letzten sieben Jahrtausenden, gleichförmige Ascheringe wie der Hverfjall, enorm raumfressende, von dünnflüssigen Laven ganz langsam geformte Schildvulkane mit flachen Hängen wie der Skjaldbreiður, Kraterreihen wie die Lakagígar mit mehr als 100 Kratern, gigantische Eruptionsspalten wie die fünf Kilometer lange Eldgjá, die Feuerschlucht, subglaziale Vulkane wie die Katla unter dem Eis des Gletschers Mýrdalsjökull im Süden oder wie Herðubreið, die längst von den glazialen Massen der letzten Eiszeit befreite Königin der isländischen Berge im Nordosten. Dazu gibt es viele andere vulkanische Phänomene: faszinierende Basaltformationen, die die Kulisse für Wasserfälle wie den Svartifoss und den Aldeyjarfoss bilden,

die bunten Rhyolithberge von Landmannalau-
gar oder die schön geformten Pseudokrater von
Skútustaðir am Mývatn, die sich mit einem großen »Blubbbb« auftaten, wenn Gase aus sump-
figem Untergrund den Weg durch Lavaströme
an die Oberfläche fanden. Die ältesten Ober-
flächengesteine im äußersten Osten und Westen der Insel sind etwa
16 Millionen Jahre alt. Zum Vergleich: Die Nachbarn in Grönland und
auf den Färöer-Inseln leben auf mindestens dreimal so altem Boden.
Nach der heute gängigen, von dem deutschen Geologen Alfred Wegener
(1880–1930) begründeten Theorie über die Entstehung der Kontinente
zerbrach vor rund 220 Millionen Jahren ein Urkontinent – Pangaea – in
mehrere Platten, die seitdem auf dem Kern glühend-flüssigen Magmas
um den Erdball driften. An einigen Stellen stoßen sie zusammen, so vor
Kalifornien und Japan, an anderen entfernen sie sich voneinander, so mitten im Atlantik die amerikanische Platte auf der einen und die eurasische
zusammen mit der afrikanischen auf der anderen Seite. An der Nahtstelle
zieht sich von Pol zu Pol ein mehrere Hundert Kilometer breiter, vulkanisch höchst aktiver Gebirgszug, dessen Gipfel etwa 2000 bis 3000 Meter
höher sind als der sie umgebende Meeresgrund. Nur an wenigen Stellen
ragen sie als einsame Inseln aus dem Wasser: St. Helena ist eine von ihnen,
ebenso Ascension, die Azoren und eben Island als das größte sichtbare
Stück. Die langsame Trennung der Kontinentalplatten kann dort nicht
nur am Vulkanismus nachgewiesen werden, sondern auch an den Deh-
nungsspalten, als deren berühmteste die Almannagjá am Rande des historischen Parlamentsplatzes von Þingvellir gilt: Die Wände der Schlucht
rücken immer weiter voneinander weg, im Schnitt etwa sieben Millimeter
pro Jahr. Der Osten Islands folgt dabei Europa, der Westen Amerika.

Eine Klasse für sich: die Gletscher

Kontrast zu Islands feurigem Innenleben sind seine Gletscherlandschaf-
ten; es sind die gewaltigsten in Europa. Über 10 000 Quadratkilometer,

*Links: Auch Islands Wasserfälle lassen sich hautnah bewundern, hier der Goðafoss
in Nordisland. – Rechts: Eine Wohltat: die heißen Quellen von Landmannalaugar*

etwa elf Prozent des gesamten Landes, sind tiefgefroren. Der Vatnajökull – auf Deutsch »Wassergletscher« – bedeckt allein etwa 8100 Quadratkilometer und ist damit mehr als doppelt so groß wie alle Alpengletscher zusammen. Islands Plateaugletscher – außer Vatnajökull noch Lang-, Hofs-, Mýrdals- und Drangajökull – sind neben dem Inlandeis Grönlands und den Eismassen der Antarktis eine Klasse für sich. So züngelt der bis zu 1000 Meter dicke Eispanzer des Vatnajökull, der ein ganzes Vulkangebirge unter sich begraben hat, von seinem zentralen Plateau mit etlichen Talgletschern in tiefere Regionen hinab. Sie alle tragen eigene Namen, die im Isländischen auf -jökull enden, auf Deutsch schlicht »Gletscher«. Zu ihnen gehört eine der größten isländischen Touristenattraktionen, der Breiðamerkurjökull: Er kriecht fast an die Ringstraße heran und endet in einer spektakulären Gletscherlagune, übersät von dahindümpelnden Eisbergen, die für eine Überraschung sorgen: Weiß und Blau würde man als Farbtöne des Eises erwarten, aber Schwarz? Immer wieder legt sich Asche von Vulkanausbrüchen über die Gletscher, und vor allem an den Rändern konzentriert sich durch das Abschmelzen des Eises dann die schmutzig schwarze Masse, die eher an eine Kohlenhalde im Ruhrgebiet erinnert als an das, was man sich unter Gletschereis vorstellt.

Gletscher brauchen Niederschlag – das Wetter

Der Breiðamerkurjökull ist auch ein »Langzeitthermometer«: Ende des 19. Jahrhunderts erreichte die Gletscherzunge fast das Meer, heute endet sie fast fünf Kilometer landeinwärts, Zeichen einer allgemeinen Erwärmung. Doch auf die Temperatur allein kommt es nicht an: Alle großen Gletscher Islands liegen in der regenreichen Südhälfte des Landes, während der kältere Norden nur kleine Gletscherflächen besitzt: Niederschläge sind für die Eisbildung wichtiger als niedrige Temperaturen. Über Südisland trifft kalte Polarluft aus dem Norden auf feuchtwarme Luftmassen aus dem Süden und das sorgt für reichlich Regen. Auf dem

Links: Ein junger Polarfuchs – Rechts: Skaftafell zwischen den Talgletschern des Vatnajökull ist berühmt für seine Flora. Hier blüht das Arktische Weidenröschen.

Vatnajökull fällt in feuchten Jahren zwanzigmal so viel Niederschlag wie in der nordisländischen Stadt Akureyri oder am See Mývatn.

Grundsätzlich sorgt der Golfstrom für ausgeglichene und für diese Breiten milde Temperaturen. Die Winter sind stürmisch und feucht, statistisch aber nicht kälter als in Norddeutschland. Kühl sind indes die Sommer mit Durchschnittstemperaturen von Juni bis September um 10 °C und Höchsttemperaturen von selten über 20 °C. Im zentralen Hochland muss man das ganze Jahr, in anderen Landesteilen vom späten September bis Mai mit Nachtfrost rechnen. Auch in höheren Lagen schneit es immer wieder; wer Bergtouren macht, ohne darauf eingestellt zu sein, begibt sich in Lebensgefahr. Kommt der Wind längere Zeit konstant aus dem Norden, bringt er manchmal auch im Sommer Treibeis von Ostgrönland bis vor die Küsten Nordislands mit und lässt die Temperaturen für längere Zeit gegen 0 °C sinken. In solchen Phasen kann es dann sogar vorkommen, dass mit den Eisschollen ein Eisbär aus Grönland Islands Nordküsten erreicht – heimisch ist der Gigant der Arktis auf der Insel aber nicht.

Auf der Grenze der Welten: Flora und Fauna

Die isolierte Lage in der rauen Umgebung des Nordatlantiks hat nicht nur zu einer späten Besiedlung durch Menschen geführt, sondern auch zu artenarmen Tier- und Pflanzenwelten. Nur Vögel hatten mit diesen unwirtlichen Bedingungen nie Probleme und machen Island zu einem Paradies für Ornithologen. Knapp 80 Arten brüten auf der Insel, rund 40 weitere sind regelmäßige Gäste und etwa 200 Arten sind schon einmal einem Kenner aufgefallen und registriert worden. Populärstes Ornithologenziel ist der See Mývatn, wo fast alle heimischen Entenarten brüten, darunter auch Spatel- und Kragenente, die sonst in Westeuropa nicht heimisch sind. Island ist Grenzland der Artenwelten Europas und Amerikas, außerdem leben hier arktische und subarktische Arten nebeneinander.

Bevor der Mensch Mäuse, Nerze, Ratten und Rentiere mitbrachte, war das einzige in Island heimische Landsäugetier der Polarfuchs. Die ersten Exemplare dürften in einem extremen Winter über das Eis aus Grönland gekommen sein, auf etwa 10 000 Exemplare wird aktuell die Population geschätzt. Zu den heimischen Säugetieren zählen aber auch Robben

sowie Delfine und Wale. 23 Arten sind in den Gewässern um die Insel gesichtet worden, so der nationale Verband der Whalewatching-Betreiber. Die Pflanzenwelt ist nicht nur von der isolierten Lage, sondern auch vom rauen Klima sowie von Eingriffen des Menschen und der Gefräßigkeit der frei weidenden Schafe geprägt. Die ursprünglichen Wälder, die es zur Sagazeit gab, sind längst verschwunden. Neue werden erst seit Anfang des 20. Jahr-

hunderts systematisch angepflanzt, sorgfältig geschützt vor den vierbeinigen Allesfressern. Immerhin wurde 1995 im größten Forst des Landes im ostisländischen Hallormsstaður eine 1937 gepflanzte Russische Lärche ausgemacht, die als erster Baum der Insel eine Höhe von 20 Metern erreicht hatte – damals kam extra der Premierminister, um eine Gedenkplakette am Stamm zu befestigen – und im Februar 2013 vermaßen Mitarbeiter der staatlichen Forstbehörde bei Kirkjubæjarklaustur eine 1949 gepflanzte Sitka-Fichte mit stattlichen 25,2 Meter Höhe – der erste Baum Islands, der die 25-Meter-Marke überragt. Als nächste Rekordmarke könnten die 30 Meter um das Jahr 2025 geknackt werden, hoffen die Förster jetzt!

Ansonsten prägen Gräser der Moore, Heiden und Wiesen den Vegetationsgürtel, der sich in einem mehr oder minder breiten Streifen um das Land zieht. Die isländische Planzenwelt gleicht am ehesten der Vegetation Skandinaviens: Fast alle isländischen Arten findet man auch dort, dagegen wachsen nur knapp zwei Drittel von ihnen auf dem näher gelegenen Grönland. Wenige Pflanzen wie das Arktische Weidenröschen sind aus dem Westen zugewandert und sonst in Europa unbekannt.

Nation mit Stammbuch

»Ingolf hieß der erste Mann aus Norwegen, von dem zuverlässig berichtet wird, dass er zuerst von dort nach Island fuhr, als Harald Schönhaar sechzehn Jahre alt war …« So beschrieb Ari Þorgilsson im Íslendingabók von ca. 1120 die Besiedlung Islands im Jahr 874 durch den Norweger Ingól-

Links: Geschichtsträchtig: die Allmännerschlucht, im heutigen Nationalpark und UNESCO-Welterbe Þingvellir. – Rechts: Ein Rotschenkel stakt durch flaches Wasser.

fur Arnarson. Ari beschreibt auch vorausgegangene Zufallsreisen nach Island, erste gescheiterte Siedlungsversuche und die Existenz irischer Mönche auf der Insel. Das Íslendingabók dokumentiert sorgfältig Islands Geschichte von der Besiedlung 874 bis zum Jahr 1120. Über diese Zeit können die Isländer aus schriftlichen Quellen schöpfen wie kein anderes Volk, zumal sie noch das Landnámabók besitzen: Das Buch der Landnahme gibt detailbesessen Auskunft über Herkunft, Abstammung und Siedlungsgebiet der rund 400 Einwandererführer und -führerinnen sowie ihrer Gefolgsleute – das Stammbuch der gerade geborenen Nation. Mit den ersten Skandinaviern kamen aber auch viele Menschen von den Britischen Inseln, wenn auch nicht alle freiwillig.

Diese schriftliche Quellenlage ist einzigartig, und die Daten gelten als Fakten für die nationale Geschichte. Viele Ausgrabungen bekräftigen Sagainformationen, andere, wie auf den Westmänner-Inseln, belegen hingegen eine Besiedlung schon zwei Jahrhunderte vor den Daten der schriftlichen Quellen, und drei im Südosten gefundene römische Münzen aus dem späten 3. Jahrhundert heizen gar Spekulationen über noch frühere Besucher an.

Nach der Besiedlung der Wikingerzeit gab es über Jahrhunderte hinweg kaum Zuwanderung, bis nach dem Zweiten Weltkrieg in Norddeutschland Landarbeiter angeworben wurden. Flüchtlinge aus den ehemals deutschen Ostgebieten nutzen gern die Chance, und vor allem Frauen fanden ihr privates Glück, heiraten in Höfe ein und blieben für immer. In den 1980ern lag der Ausländeranteil unter zwei Prozent, inzwischen ist er auf fast neun Prozent gestiegen. Die meisten Migranten jüngerer Zeit stammen aus Polen und von den Philippinen – übrigens ein Grund, warum Island innerhalb Skandinaviens mit fast vier Prozent den höchsten Anteil von Katholiken hat. Ansonsten dominieren Protestanten, deren evangelisch-lutherische Staatskirche in der Verfassung festgeschrieben ist. Größte anerkannte nichtchristliche Religionsgemeinschaften sind

Links: Typisch Isländerinnen: Zupacken in Fljótstunga – Rechts: Der Schafabtrieb, wie hier im Skíðadalur, ist auf dem Lande ein wichtiges Datum im Jahreskalender.

die Ásatrúarmenn, Asen-Anhänger, die den alten Göttern des Nordens huldigen, und die Zúistar, die sich auf eine sumerische Urreligion berufen, aber praktisch eine Protestbewegung gegen Islands Religionsgesetze und die damit verbundene Kirchensteuer sind.

Von Schafabtrieb bis Facebook – die Isländer heute

Man muss sich zuerst einmal Zahlen vor Augen halten: Von den Anfang 2016 im ganzen Lande lebenden 333 000 Menschen – etwa so viele wie in der deutschen Stadt Bielefeld – haben über 120 000 in Reykjavík ihr Zuhause und in der sogenannten Metropolitan Area sind es insgesamt etwa 215 000. Anders gesagt: Zwei Drittel der Menschen dieses Landes mit dem archaischen Image sind moderne Städter. Das schließt nicht aus, dass sie sich eine große Liebe zur Natur ihrer Heimat bewahrt haben und viele eingefleischte Outdoor-Menschen sind.

Isländer und Isländerinnen sind Banker, Kaffeehausbetreiber, Dienstleister, Bauern, einsame Leuchtturmwärter, Fischer, Fischfabrikarbeiter, Computerprogrammierer oder Seeleute. Viele sind Studenten, Akade-

miker, Professoren und Ingenieure, weil Island eines der besten Bildungssysteme der Welt hat. Andere sind Autoren, Holzschnitzer, Bildhauer oder Maler, weil in keinem Land der Welt pro Kopf der Bevölkerung so viele Bücher geschrieben und publiziert werden und so gern Kunst geschaffen wird. Viele Kinder sind auch dabei mit vielen jungen Müttern, weil Island die höchste Geburtenrate Europas hat und gut zwei Drittel aller Kinder von Müttern unter 30 geboren werden. Viele sind alte Menschen, weil Isländer die höchsten Lebenserwartungen weltweit haben. Und aus Island stammen im Verhältnis zur Bevölkerungszahl mehr Miss-World-Gewinnerinnen und international bekannte Pop- und Rockstars als aus irgendeinem anderen Land der Erde. Sportlich gesehen machen vor allem Islands Handballer immer wieder international Furore – Silber bei Olympia 2008 löste nationale Euphorie aus. Und seit der Fußball-EM 2016 in Frankreich, als die Nordmeer-Kicker mit ihrem martialischen Huh-Huh-Schlachtruf ins Viertelfinale stürmten und dabei sogar England demütigten, weiß die Welt, dass sie Bälle nicht nur werfen können.

Ein Volk, glücklich und weltmännisch

Isländer zählen neben Dänen zu den glücklichsten Menschen der Welt, das belegen globale Umfragen, sie sind optimistisch und haben einen gesunden Pragmatismus: Irgendwie klappt schon alles, wenn man sich nur genug Zeit nimmt. Da räumt dann der Fahrer eines Überlandbusses eine halbe Stunde lang das Gepäck um, weil er das Fahrrad eines vom Wetter entnervten Mountainbikers unterbringen muss, aber schließlich kommen alle und alles mit, und irgendwann auch alle an. Ein anderer Wesenszug ist eine Zurückhaltung Fremden gegenüber, die manchmal verschlossen wirkt, aber nicht für Ablehnung, sondern eher für eine bedächtige Art steht, der schnelle Verbrüderung fremd, dafür langsam wachsende Freundschaft eigen ist. Isländer sind zudem Europäer auf halbem Wege nach Amerika: Modetrends kommen auf dem Weg über den großen Teich hier früher an als auf dem Kontinent und fusionieren mit europäischen. Moderne Kommunikations- und Massenmedien prägen den Alltag: Jungbauern surfen im Stall neben der vollautomatischen Melkmaschine im Internet, mit Plastik zahlt man im entlegensten Nest sein Hotdog am Tankstellenimbiss, das Smartphone gehört eher zum Bild eines Isländers als der Pullover, der nach ihm benannt ist, und bei Facebook »ist hier bei uns jeder von 9–99, der eine Tastatur bedienen kann« – so eine isländische Facebook-Freundin. Junge Isländer wachsen weltoffen auf, beherrschen fast alle Englisch perfekt und leben in einer Kultur, die per Satellitenschüssel und Datenstrom Distanzen überwindet, die bis weit ins 20. Jahrhundert ihre Heimat isolierte. Trotzdem bewahren sie gern Bewährtes. Anglizismen setzt man eine puristische Sprachpflege entgegen, die für alle größeren Erfindungen neue, urisländische Wörter bildet wie »myndlykill«, den Bildschlüssel für den TV-Decoder, oder »tölva« für Computer, zusammengesetzt aus den isländischen Wörtern für Zahl und Seherin. Setzt man ihm ein »spjald«, ein Schild bzw. ein Brett davor, hat man ein Tablet. Und ergänzt man das »sími«, das Telefon, abgeleitet vom Wort

Links: Moderne und Tradition verschmelzen mit der Natur: Hotel »Northern Light Inn« nahe der Blauen Lagune. – Rechts: Shoppen am Laugavegur in Reykjavík

für Draht, mit dem isländischen Pendant für »gescheit« zum »snjallsími«, hält man ein Smartphone in den Händen.

Auch andere Traditionen werden gepflegt. Reiten ist nach wie vor der beliebteste Freizeitsport auch unter Männern, und das in geraden Jahren stattfindende Reiterfestival Landsmót hestamanna ist das bedeutendste nationale Sportereignis. Und selbst wenn inzwischen eines der größten Volkfeste im Land das Schwulen- und Lesben-Festival »Hinsegin Dagar« – die Andersherum-Tage – mit einer schrill-bunten Gay Pride Parade ist, die die halbe Hauptstadt auf die Beine bringt und zu der Flugzeugladungen schwuler und lesbischer Besucher von beiden Seiten des Atlantiks einfliegen, gibt es auch Feste, die auf dem Land gepflegt werden und viele Städter mit Wurzeln in den Dörfern und Tälern dazu bringen, wieder einmal zu Hause vorbeizuschauen wie beim kollektiven Abtrieb der Schafe und Pferde von den Hochlandweiden im Frühherbst: Erst wird tagelang zusammen geschuftet und dann heftig gefeiert.

Das große Buch der Vornamen

Alle Isländer und Isländerinnen – auf jeden Fall die, die ein »sími« haben – sind in einem einzigen nationalen Telefonbuch zu finden, gelistet nach Vornamen. Familiennamen im mitteleuropäischen Sinne tragen nicht einmal zehn Prozent der Isländer, der Rest bildet den Nachnamen wie schon im Mittelalter üblich aus dem Namen des Vaters mit der Endung -son für Sohn und -dóttir für Tochter. Diesen patronymen Abstammungsnamen behält man ein Leben lang, auch in der Ehe. Eine vierköpfige Familie, deren Mitglieder alle einen anderen Zunamen haben, ist somit die Regel, zum Beispiel Vater Björn Haraldsson und Mutter Hildigunnur Þorleifsdóttir mit den Kindern Selma Björnsdóttir und Lárus Björnsson. Auch bei der Anrede spielt der Vorname die Hauptrolle, und selbst bei Persönlichkeiten wird er zu offiziellen Anlässen

Links: Das Minjasafn Egils Ólafssonar beleuchtet das Leben in den Westfjorden. – Rechts: Besucherzentrum Gljúfastofa im Nationalpark Vatnajokulsþjodgarður

mit einem eventuellen Titel genannt, aber ohne Zunamen. Diese Namengebungspraxis kommt der isländischen Ehemüdigkeit entgegen: 2012 hatten von gut 4500 Neugeborenen zwei Drittel keine offiziell verheirateten, aber in der Mehrheit zusammenlebende Eltern.

Ob mit oder ohne Trauschein ist der Zuname gleich. Überhaupt halten es Isländer mit Ehen und Partnerschaften nicht so streng: Die Scheidungsrate ist Weltspitze und Patchwork-Beziehungen sind die Regel. Taucht man in die Gesellschaft ein, fällt auf, dass sich Isländer zwar leicht trennen, aber unaufgeregt damit umgehen. Erlebt man einmal einen Kindergeburtstag, kann man neben alten und neuen Partnern der Eltern gleich noch diverse Großeltern und ganze Handballmannschaften an Geschwistern verschiedenster Blutverwandtschaftsgrade kennenlernen – Trennungen sind kein Stigma. Darüber hinaus hilft die Gesellschaft, dass Europas höchste Geburtenrate und die höchste Rate berufstätiger Frauen weltweit – und das schließt alleinerziehende Mütter ein – kein Widerspruch ist. Die Isländer hatten schon 1980 keine Probleme, eine alleinstehende Mutter zur Staatspräsidentin zu wählen: Vigdís Finnbogadóttir.

Das älteste Parlament der Welt

Das Alþingi, das Parlament Islands, sieht sich in der Tradition der Versammlungen der freien Männer, die sich schon ab 930 in Þingvellir trafen, um die Geschicke des Landes zu regeln. Heute tagt es in Reykjavík und besteht längst nicht nur aus Männern: 1983 zog in Island erstmals auf der Welt eine Frauenpartei in ein nationales Parlament ein und war fast zwei Jahrzehnte eigenständig, ehe sie zur Jahrtausendwende in einer sozialdemokratischen Allianz aufging. Die entstand als gemäßigt linker Gegenpol zu den vier Altparteien, die seit der Gründung der Republik 1944 die Geschicke des Staates bestimmt hatten. Kurze Zeit später bildete sich aus ähnlichen Beweggründen noch eine ökologische, feministische, demokratische sozialistische Links-Grüne-Bewegung. Das politische System Islands ist seit dem Jahr 2000 einem ständigen Wechsel unterworfen. Koalitionsregierungen, oft über politische Blöcke hinweg, sind die Regel, absolute Mehrheiten schafft schon lange keine Partei mehr. Auch ein Unterschied zu Kontinentaleuropa: Minderheitsregierungen gelten traditionell nicht als etwas Schlimmes.

Politische Erdbeben und isländischer Pragmatismus

Über der Alltagspolitik sollte das direkt gewählte Staatsoberhaupt stehen, »Forseti Íslands«. Seit Gründung der Republik 1944 amtiert aktuell der sechste Präsident. Alle vier Jahre sollte gewählt werden, häufig erfolgen Amtszeit-Verlängerungen aber mangels Gegenkandidaten ohne Wahlgang – bisher wurde elfmal so verfahren, nur dreimal mussten sich Amtsinhaber Gegenkandidaten stellen, abgewählt wurde nie einer.

Von 1980 bis 1996 gab Vigdís Finnbogadóttir, die aus der Kulturszene kam, dem Amt ein starkes Profil und erwarb sich international große Reputation. Nachfolger Ólafur Ragnar Grímsson, ein Politprofi, definiert das Amt politischer als alle Vorgänger. So schaffte er als bisher einziger fünf Amtszeiten und wurde gar Volksheld, als er den umstrittenen ›Icesave‹-Gesetzen seine Unterschrift verweigerte und damit die Möglichkeit schuf, sie per Volksentscheid zu kippen. Mit Gesetzen wollte die damalige Regierung nach dem Finanzcrash 2008 internationalen Gläubigern Verluste erstatten. Die Isländer, so der Präsident, sollten aber nicht jahrzehntelang für die Gier ausländischer Anleger bluten. Als sich Ólafur 2016 anschickte, ein sechstes Mal zu kandidieren, stolperte er über die Panama Papers. Die offenbarten, wie reiche Isländer zur Zeit der Finanzkrise und ihrer Aufarbeitung Gelder in Briefkastenfirmen weltweit geparkt und gesichert hatten. Darunter auch die Frau des Staatspräsidenten, was der kurz zuvor öffentlich noch weit von sich gewiesen hatte. So wählten die Isländer im Juni 2016 einen Quereinsteiger, den Historiker Guðni Thorlacius Jóhannesson, zum neuen Staatsoberhaupt. Weil der Wahltag in die Zeit der Fußball-Europameisterschaft fiel und jeder zehnte Isländer in Frankreich die Mannschaft unterstütze, richtete das zuständige Innenministerium kurzerhand ein Wahllokal nahe dem Mannschaftsquartier ein – isländischer Pragmatismus!

Links: Auf den »Versammlungsfeldern« steht heute eine kleine Kirche. – Rechts: Der Bildhauer Páll Guðmundsson wirkt im Westen Islands.

Die Panama Papers zerstörten nachhaltig das Vertrauen vieler Isländer in die alte Machtelite. Im April 2016 stolperte der amtierende Ministerpräsident aus dem Amt, auch er und seine Frau waren in Offshore-Transaktionen verwickelt. Stärkste Kraft bei vorgezogenen Neuwahlen im Oktober 2016 wurde zwar wieder die konservative Unabhängigkeitspartei, die seit der Staatsgründung 1944 fast immer die größte Fraktion im Parlament stellte, aber sonst veränderte die Wahl erneut die politische Landschaft: Drei junge Parteien – Links-Grüne-Bewegung, Piraten und die erst kurz vor der Wahl gegründete, liberale Pro-EU-Partei Viðreisn – kamen über 10 Prozent. Eine Regierungsbildung, bei Redaktionsschluss dieses Buches noch offen, gilt als schwierig. Ausgangspunkt aller politischen Beben auf der Insel in jüngerer Zeit war der Bankencrash 2008.

Bankenabenteuer am Polarkreis

Kaupþing banki, Landsbanki Íslands und Glitnir banki waren bis Oktober 2008 umjubelte Player eines entfesselten Finanzmarktes. Dann platzte die Blase und Island stand Millimeter vor dem Staatsbankrott. Viele Isländer geben nur ein paar Dutzend Akteuren die Schuld am Bankencrash. Willige Politiker schufen mit radikaler Deregulierung und Privatisierung des Finanzmarktes Voraussetzungen, die smarte Finanzjongleure mit naivem Größenwahn nutzten. Ihnen kam die Gier der Anleger entgegen. Viele Briten – darunter auch Städte und andere institutionelle Anleger – und Niederländer, aber auch Deutsche gaben für Zinsen weit über den marktüblichen gern Milliarden. Dabei spielte das positive Image Islands eine wichtige Rolle: Ratingagenturen gaben allem, wo Island draufstand, Top-Noten. Die drei späteren Pleitebanken akquirierten binnen weniger Jahre weit mehr Kunden als in Island Menschen leben und kamen kurz vor ihrem Kollaps auf eine Bilanzsumme, die dem Elffachen der jährlichen Wirtschaftskraft Islands entsprach, fast ohne Eigenmittel. Als dann mit der Lehman-Brothers-Pleite die globalen

Links: Kunst auf der Halbinsel Tjörnes – Rechts: Grüne Hänge, stilles Wasser, in der Ferne ein Wasserfall: Island bietet unvergessliche Natureindrücke wie hier am See Alftavatn.

Finanzströme stockten, wurde die Luft unter den Flügeln der isländischen Höhenflieger zu dünn. Im Verhältnis zu Wirtschaftskraft und Bevölkerungszahl ihres Landes legten sie den größten Bankencrash der Wirtschaftsgeschichte hin. Islands schmächtiger Einlagensicherungsfond war mit dieser Finanzapokalypse heillos überfordert. Eine 2009 gewählte linke Koalition versuchte mit hartem Sparen das Land zu sanieren und internationale Finanzanlagen zu erfüllen. Vereinbarte Rückzahlungen der Verluste, die die Banken bei Gläubigern in England, Holland und Deutschland verursacht hatten, wurden aber, wie erwähnt, per Volksentscheid gestoppt. Holland zerrte Island daraufhin sogar vor den Gerichtshof der Europäischen Freihandelszone EFTA und verlor: Island braucht nicht zurückzuzahlen. So befreit erholte sich das Land schneller als erwarter. Die Sozialsysteme blieben trotz Sparmaßnahmen relativ intakt, die Wirtschaft nahm dank Fischindustrie und Tourismus wieder Fahrt auf, bilateral gewährte Hilfsgelder nordischer Partnerländer und Polens sowie IWF-Kredite wurden sogar vorzeitig zurückgezahlt. Inzwischen ist die Außenhandelsbilanz positiv, Inflation und Haushaltssaldo erträglich,

Auslandsverschuldung und Arbeitslosenrate geringer als in Deutschland, Wirtschaftswachstum und Bruttoinlandsprodukt pro Kopf sogar höher. Schaut man auf die Wirtschaftsdaten, wäre Island heute in der EU eine Musternation, nur wollen weder Wähler noch die wichtigsten Parteien in die Gemeinschaft – alle bisherigen Verhandlungen mit der EU liegen seit 2013 auf Eis.

Fisch bringt Geld, Tourismus Arbeitsplätze

Fischerei und Fischindustrie bieten zusammen kaum mehr als vier Prozent aller Arbeitsplätze, aber ohne den Fisch käme der Rest der isländischen Wirtschaft schnell ins Schwimmen: Knapp die Hälfte der isländischen Exporte kommen aus der Fischindustrie, neben dem boomenden Tourismus die wichtigste Einnahmequelle des Landes. Um diese Ressourcen zu schützen, legten sich Isländer mit anderen Völkern an. Die Ausdehnung ihrer Fischereischutzzone 1952 auf vier, 1958 auf zwölf, 1972 auf 50 und 1975 schließlich auf 200 Seemeilen brachte viel Ärger mit Großbritannien. Die Seegeplänkel zwischen isländischer Küstenwache und britischen Trawlern sowie Schiffen der Royal Navy gingen als »Kabeljaukriege« in die Geschichte ein. Island drohte aber mit dem Austritt aus der NATO – da pfiffen die Amerikaner die Briten zurück. Die Überfischung des Meeres um ihre Insel herum betrieben die Isländer früher aber auch in eigener Regie. Mitte der 1980er waren die Bestände so bedroht,

dass nur rigorose Fangbeschränkungen halfen. Inzwischen betreiben die Isländer ein effektives und nachhaltiges Quotensystem unter wissenschaftlicher Kontrolle. Die Quoten und der Handel damit förderten anfänglich die Konzentration in der Fischindustrie, mit katastrophalen Folgen für kleinere Fischereistandorte, inzwischen werden diese gezielt gefördert und wiederbelebt.

Die subventionierte Landwirtschaft ist international nicht konkurrenzfähig, schafft es aber in wichtigen Bereichen, den Inlandsbedarf zu decken. Boomend ist dank geothermaler Heizenergie die Treibhausgärtnerei vor allem von Gurken, Tomaten und Paprika, aber auch Orangen und Bananen wachsen in Island. Sonst dominiert in der Landwirtschaft die Viehzucht. Um den Verbiss der spärlichen Vegetation durch frei im Gelände weidende Schafe einzuschränken, wurde ihr Bestand in der ersten Hälfte der 1990er-Jahre annähernd halbiert, aber immer noch trottet fast eine halbe Million der blökenden Vierbeiner im Sommer übers Land. Derweil wurden alternative Aktivitäten auf Bauernhöfen gefördert, und so entstanden als wichtiger Bestandteil einer touristischen Infrastruktur landesweit Bauernhausunterkünfte. Überhaupt hat sich Tourismus zum wichtigsten Devisenbringer entwickelt, fast 30 000 Jobs hängen inzwischen daran. Im Jahr 2000 überstieg die Zahl der ins Land kommenden Touristen erstmals die der damals etwa 300 000 Einwohner, 2015 kamen schon fast 1,3 Millionen und für 2016 zeichnet sich ein Zuwachs von über 30 Prozent ab – längst gibt es in einigen Regionen große Probleme,

Rechts: Fische an der Luft zu trocknen, wie hier in Djúpavík, ist eine alte Art der Konservierung … – Links: … meist jedoch wird der Fisch frisch in die Fabriken geliefert.

in der Saison ein Bett zu finden. Gut die Hälfte der Besucher kommen von Juni bis September, aber die Zahlen zu anderen Jahreszeiten wachsen überproportional – Island wird zunehmend Ganzjahresziel. In den Wintermonaten locken Aktivitäten wie Snowmobilexkursionen und Nordlichtbeobachtungen, aber auch die Clubs und Kneipen von Reykjavík.

Die Qual mit dem Wal

Seit Jahren ein Reizthema ist Islands Walfang – nichts sonst wird so emotional diskutiert. Für einige wenige Isländer sind Wale Teil der natürlichen Ressourcen ihres Landes, über deren Nutzung man selbst entscheiden möchte. Walfang sei eine Tradition und ihn aufzugeben ein Verrat am nationalen Erbe. Auch der von Walschützern meistgehasste Isländer, Kristján Loftsson, Eigentümer von »Hvalur«, dem einzigen kommerziell Finnwale jagenden Unternehmen weltweit, beruft sich auf Traditionen. Sein Vater gründete »Hvalur« in den 1940ern, und er selbst fuhr schon als Kind mit auf Fangfahrt. Kristján kokettiert gern mit seinem Einsatz für den Schutz der Finnwale durch Quoten, damit eine nachhaltige Jagd dauerhaft gesichert wird. Es überrascht, dass er vehement am wenig lukrativen Walfang festhält, obwohl der immer wieder Boykottaufrufe gegen Islands Fischindustrie provoziert, wo der Multimillionär eigentlich sein Geld verdient. Es gibt aber noch einen Grund, warum einige Isländer Walen an den Speck wollen: Die Bestände vieler Arten haben sich erholt, was Umweltschützer nicht bestreiten. Strittig ist jedoch, ob ihr Hunger Fischbestände um Island bedroht. Auf 2 000 000 Tonnen Fisch schätzen walfangnahe Stellen den Fressbedarf der rund 45 000 Zwergwale in isländischen Gewässern.

2003 nahm Island nach 14 Jahren Abstinenz den Walfang zu »wissenschaftlichen Zwecken« wieder auf. Unter internationalem Druck redu-

Links: Von Heydalur aus kann man mit dem Seekajak Seehunde beobachten. – Rechts: Knapp unter dem Polarkreis operieren Whalewatching-Boote aus Dalvik.

zierte die Regierung gewährte Fangquoten nach kurzer Zeit drastisch. Umso größer das Entsetzen, als das Land 2006 kommerziellen Walfang wieder erlaubte und das bis heute. In den letzten Jahren lag die erlaubte Fangquote bei 239 Zwergwalen – der Name verschleiert die wahre Länge von bis zu elf Metern und das Gewicht von bis zu zehn Tonnen – und 154 Finnwalen, mit bis zu 70 Tonnen Gewicht nach Blauwalen die zweit-größten Tiere der Welt. Zur verhaltenen Freude der Walfreunde werden diese Quoten nur selten ausgeschöpft. So wurden 2011, 2012 und 2016 überhaupt keine Finnwale getötet und die Zwergwalquote seit 2013 nie mehr als bis zu 20 Prozent genutzt – 2016 fielen 46 Tiere dem Walfang zum Opfer. Walfleisch lässt sich auf dem für Walprodukte wichtigen ja-panischen Markt kaum noch verkaufen und erst recht nicht auf dem Heimatmarkt, denn Wal hatte als Nahrungsmittel in Island nie wirklich Bedeutung. In Japan, so prangern Walschützer an, ende isländisches Wal-fleisch meist als Luxus-Hundefutter. Außerdem verweigern viele Häfen Schiffen, die Walfleisch an Bord haben, das Anlaufen – der Transport muss mehr oder minder konspirativ verlaufen. Bleibt für die Wale zu

hoffen, dass Islands Walfangschiffe ihren Job nicht mehr schaffen; die meisten sind betagt und reif fürs Schifffahrtsmuseum.

Ansehen statt aufessen – Whalewatching

Was die »offizielle« Aufregung über den Walfang in westlichen Nationen angeht, sollte zu bedenken geben, dass der größte Teil des Fleisches der Zwergwale, das im Gegensatz zum Finnwalfleisch auf dem isländischen Markt landet, von Touristen gegessen wird. Laut Umfragen haben nur fünf Prozent der Isländer regelmäßig Wal auf dem Speiseplan, aber viele Touristen probieren Walfleisch, in dem Irrglauben, es sei ein typisches Nahrungsmittel im Lande. Walschützer wenden sich deshalb regelmäßig an Touristen und propagieren im Sinne der Wale: »Meet us, don't eat us« – treff uns, aber ess uns nicht. Dem ersten Teil des Aufrufs folgen inzwischen viele: Island gilt als das beste Reiseziel in Europa, will man Wale sehen. Die Infrastruktur ist perfekt und seit Beginn organisierter Walbeobachtungen 1995 wächst kein Zweig des Tourismus so rasant: 2016 gingen fast 300 000 Islandbesucher an Bord eines Walbeobach-

tungsschiffes. 23 Arten wurden in den
Küstengewässern der Insel schon gesich-
tet, sagt der Verband der isländischen
Whalewatching-Anbieter IceWhale; vom
kleinen Schweinswal, der selten über zwei
Meter lang wird, über springfreudige
Delfine bis zu Blauwalen, den größten
Säugetieren der Welt, die fast 200 Ton-
nen schwer und über 30 Meter lang werden

können. Whalewatching-Hochburg ist Húsavík im Norden, außerdem
starten Touren in Häfen am Eyjafjörður nördlich von Akureyri, im Westen der Halbinsel Snæfellsnes sowie ab Reykjavík, Hafnarfjörður und
Keflavík in die große Bucht Faxaflói vor der Hauptstadt und in die
Gewässer um die Südwest-Halbinsel Reykjanes. Einig sind sich alle
Beteiligten: Die Branche leidet, wenn in denselben Gewässern Wale ge-
jagt werden. Und so stehen alle Whalewatching-Anbieter auf Seiten der
Walschützer. IceWhale unterstützt eine Kampagne der Tierschutzorga-
nisation IFAW, die auf walfreundliche Restaurants im Land hinweist
(www.icewhale.is/whale-friendly-restaurants), die kein Walfleisch anbie-
ten. Sogar eine »Whappy«-App für Android und iTunes hilft, den Weg
in entsprechende Lokale zu finden.
Bei aller Diskussion und selbst wenn die Bestände nicht gefährdet sein
mögen: Die Jagd mit Explosionsharpunen, wie sie isländische Walfänger
praktizieren, ist inhuman, eine Qual für jedes erlegte Tier. Einige müssen
einen Todeskampf von bis zu einer Stunde erdulden. Es gibt keine
humane Art, Wale auf See zu töten!

Exportschlager Energie

Island besitzt keine nennenswerten Rohstoffe, wohl aber so billige Energie, dass es lohnt, Rohstoffe um den halben Erdball zu schippern, sie hier
zu verarbeiten und dann wieder auf die Weltmärkte zu bringen. Dabei
werden weit über 80 Prozent des gesamten Energiebedarfs, beim Strom

Links: Húsavík ist Europas Whalewatching-Metropole. –
Rechts: Traditionelle Fischerboote sind im Nationalmuseum in Reykjavík zu sehen.

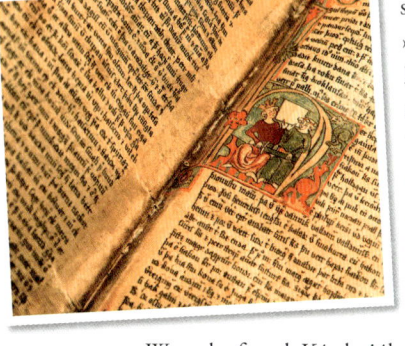

sogar annähernd 100 Prozent, aus »erneuerbaren«, heimischen Quellen gedeckt – Weltrekord. Naturschützer warnen: So positiv die Wasserkraftwerke für die CO_2-Bilanz auch sind, sie verändern mit gigantischen Speicherreservoiren und gewaltigen Stromautobahnen nachhaltig die Landschaft, wie beim 2007 in Betrieb genommenen Wasserkraftwerk Kárahnjúkavirkjun in einer zuvor unberührten Landschaft Ostislands. Außerdem muss der Bedarf für die erzeugte Energie meist erst geschaffen werden, sprich, es müssen neue, in der Regel gigantische Industrieanlagen gebaut werden. Trotzdem will Island mehr Strom produzieren und internationale Finanzorganisationen raten dazu, um die Wirtschaft unabhängiger vom Fisch zu machen. Zukunftsmusik ist noch der direkte Energieexport: Überseekabel oder – noch visionärer – gigantische Batterieschiffe könnten Strom bis Mitteleuropa liefern, jedoch mangelt es beim heutigen Stand der Technik noch an der Rentabilität dieser Ideen.

Neben Strom werden Heizungswärme und Warmwasser weitgehend ohne Verbrennung fossiler Rohstoffe erzeugt. Man bedient sich dessen, was die Erde hergibt: heißes Wasser. Die Blaue Lagune nahe dem internationalen Flughafen Keflavík ist eines der bekanntesten Thermalbäder der Welt und nutzt doch nur Abwässer eines Kraftwerks, das heißen Dampf aus fast 2000 Meter tiefen Bohrungen nutzt, um neben Strom auch Heiz- und Heißwasser zu produzieren. Auch kleinste Orte besitzen rund ums Jahr geöffnete, wohlig warme Freibäder, Bodenheizungen halten gefährliche Kurven und Einkaufsstraßen im Winter schnee- und eisfrei, und in Reykjavík wird eine Meeresbucht den Sommer hindurch auf angenehme Badetemperaturen aufgeheizt – isländisches Know-how bei der Nutzung geothermaler Energie ist inzwischen weltweit gefragt.

Links: Islands wichtigster Kulturschatz sind Handschriften wie das »Flateyjarbók«. – Rechts: Der traditionelle Hof Sel über Skaftafell im Vatnajökull-Nationalpark

Sagas und Mystery-Thriller – die Literatur

Auch wenn elektronische Massenmedien unaufhaltsam vorrücken, produzieren die Isländer doch so viele Bücher pro Kopf der Bevölkerung wie kein anderes Volk der Welt. Und Bücher haben Tradition: Seine mittelalterliche Literatur ist Islands bedeutendster Beitrag zur europäischen Kulturgeschichte. Die auf der Insel entstandene Edda ist die Quelle zur Mythologie der Germanen überhaupt, und mit den Sagas – nicht zu verwechseln mit Sagen – lieferten isländische Autoren eine umfassende Beschreibung von Lebensweisen, Moral und Werten der legendenumwobenen Wikingerzeit im gesamten Norden vom Baltikum bis zu den Küsten Nordamerikas. Die Sagas sind im Prinzip historische Romane, teils auf mündlichen, teils auf schriftlichen Quellen basierend, aber mit einem Abstand von mindestens einem Jahrhundert zu den Ereignissen niedergeschrieben. Zwar gelten sie nicht immer als historisch authentisch, aber wichtig für ihre Anerkennung als Quellen war ein archäologischer Sensationsfund in den 1960er-Jahren: Der Norweger Helge Ingstad entdeckte durch die konsequente Auswertung der Grönländer

Saga und der Saga von Erik dem Roten bei L'Anse aux Meadows in der kanadischen Provinz Neufundland die Reste einer Wikingersiedlung. Damit war die Anwesenheit von Nordleuten – wahrscheinlich Isländern – auf dem amerikanischen Kontinent belegt und Kolumbus als Entdecker Amerikas auf den zweiten Platz verwiesen. In den dunklen Zeiten dänischer Kolonialherrschaft verkümmerte zwar die Eigenständigkeit der isländischen Literatur, gepflegt wurde das Schreiben aber weiterhin.

Mitte des 20. Jahrhunderts überstrahlte das Genie Halldór Laxness (1902–1998) mehr als eine Generation von Autoren. Neben historischen Stoffen bis zurück zur Sagazeit sind Veränderungen in Kultur, Gesellschaft und Wirtschaft, die Island ab den 1940er-Jahren erlebte, als es durch die im Lande stationierten US-Soldaten aus seiner Isolation gerissen wurde, wichtige Themen der modernen Literatur des Landes. Das gilt für Laxness' großen politischen Roman »Atomstation« (1948, dt. 1955) ebenso wie für die burleske Barackentrilogie – »Die Teufelsinsel«, »Die Goldinsel« und »Das gelobte Land« – aus den 1980ern von Einar Kárason. Der wurde 1955 geboren, in dem Jahr, in dem Halldór Laxness

den Nobelpreis für Literatur bekam. Zusammen mit Kárason traten ab den 1980ern immer mehr Autoren und Autorinnen aus Laxness' übergroßem Schatten: Einar Már Guðmundsson lieferte mit »Wie man ein Land in den Abgrund führt. Die Geschichte von Islands Ruin« (dt. 2010) eine Abrechnung mit Islands Machtelite zur Zeit des Bankencrashs; Kristín Marja Baldursdóttir und Steinunn Sigurðardóttir schaffen immer wieder starke Frauenfiguren und Hallgrímur Helgason zeigte in seinen Bestsellern

»101 Reykjavík« (dt. 2002), »Zehn Tipps, das Morden zu beenden und mit dem Abwasch zu beginnen« (2010) und »Eine Frau bei 1000 Grad« (2011) genialen Sprachwitz und Sinn für tiefschwarzen Humor. Und natürlich versorgen isländische Autoren auch den boomenden Markt des Nordic Crime, allen voran Arnaldur Indriðason mit nunmehr 13 Fällen um die Mordkommission Reykjavik und seinen düster-depressiven Kommissar Erlendur Sveinssons (zuletzt »Nacht über Reykjavík«, 2016, und »Tage der Schuld«, 2017) sowie in mehreren Stand-alone-Thrillern. Yrsa Sigurðardóttir lässt es in ihren Thrillern gern so richtig übersinnlich gruseln, »Geisterfjord« (2011), »Seelen im Eis« (2013) und zuletzt »DNA« (2016) sind fesselnde Beispiele.

Am Anfang war die »Garden Party«

Internationales Aufsehen erregen Isländer spätestens seit den 1980ern in der Musikwelt. Den Anfang macht die Band »Mezzoforte« mit ihrem Funk-Jazz-Klassiker »Garden Party«, dann entzücken die »Sugarcubes« die Independent-Szene. Mitte der 1990er lässt der Electronic Soul von »Gus Gus« Tanzdielen rund um den Erdball vibrieren. Wenig später beginnt dann eine überraschende Weltkarriere: Jonsí Birgisson, Frontmann der Band »Sigur Rós«, singt mit geisterhafter Falsettstimme meist isländisch oder in der Kunstsprache »vonlenska« – dt. etwa Hoffnungslän-

Links: »Sólfar« von Jón Gunnar Árnason steht am Rande des Zentrums von Reykjavík. – Rechts: Das Skrímslasetrið in Bíldudalur bevölkern nationale Seeungeheuer.

disch –, und doch erreicht die Band mit episch-melancholischen Klangzyklen, Hymnen an die isländische Heimat, ein weltweites Publikum. Postrock oder Ambient wären Schubladen, in die man »Sigur Rós« stecken könnte, selbst definieren sie ihre Musik als Slow Motion Music. Damit füllen sie große Festivalplätze und weltbekannte Hallen von Roskilde bis New York, lieben es aber auch, vor kleinem Publikum in irgendwelchen Gemeindezentren am Ende der isländischen Welt Überraschungskonzerte zu geben. Live arbeitet »Sigur Rós« oft mit den Frauen des Streichquartetts »Amiina« zusammen, die mit Schlagzeug und Elektronikelementen verstärkt inzwischen auch allein eine internationale Karriere gestartet haben. In sanften Liedern mit Gitarrenbegleitung wie im Mainstream-Pop ist Emilíana Torrini zu Hause, ein isländisches Stimmwunder mit italienischem Vater. Sie gab dem »Herr der Ringe« in »Gollum's Song« eine isländische Fußnote und landete mit »Jungle Drum« in Deutschland und Österreich einen Nummer-1-Hit. Ansehnliche Chartnotierungen in Europa und den USA schaffte auch die Indie-Folk-Rock-Band »Of Monsters and Men«. Man könnte diese Liste ungewöhnlicher Stimmen und innovativer Bands aus diesem ultimativen Talente-Land lange fortsetzen, mit »múm« etwa oder »Dikta«, »Soffía Björg« oder den Singer-Songwritern »Sóley«, »Ólöf Arnalds«, »Máni Orrason« oder »Snorri Helgason«. Sogar die Proll-Hip-Hopper von »XXX Rottweiler Hundar« werden trotz isländischem Songcontent international goutiert – vielleicht gerade, weil's so abgedreht ist. Der Gedanke drängt sich auf, dass es zum normalen Lebenslauf junger Isländer gehört, irgendwann einmal auf einer Bühne zu stehen und Musik zu machen. Ein Name überstrahlt sie aber alle: Björk. Die »Elfe aus dem Eis«. Islands Weltstar. Als Stimme der »Sugarcubes« internatio-

*Links: Bildhauer Páll Guðmundsson baut selbst – und spielt – »Steinharfen«. –
Rechts: Die Akureyrarkirkja hoch über dem Zentrum von Akureyri.*

nal bekannt geworden, schaffte sie solo mit exzentrischen Grenzgängen zwischen Pop und Klassik den Sprung nach ganz oben. Nach Filmmusiken wie zu »Being John Malkovich« unternahm sie unter dem dänischen Regie-Enfant-terrible Lars von Trier im Musical »Dancer In The Dark« sogar einen Ausflug in die Schauspielerei, der sie in Cannes zur »Best Actress« 2000 machte und sie damit in eine Reihe mit Meryl Streep, Helen Mirren oder Penélope Cruz stellte.

Seit 1999 präsentiert Island seine Musikszene auf einem international hochgelobten Festival, dem immer in der zweiten Oktoberhälfte stattfindenden »Iceland Airwaves« – hier kommen Tausende für fünf Tage innovative Musik extra auf die Insel geflogen. Das zeigt einmal mehr, dass Island wahrlich kein zurückgebliebenes Land zwischen zwei Kontinenten ist, sondern eines, das den Besucher mit moderner Kultur, mit Lifestyle und Lebensfreude ebenso begrüßt wie mit der archaischen Natur, das wilde Kargheit genauso bietet wie fortschrittlichen Komfort. Und es lädt jeden ein, das Land auf seine ganz persönliche Art und Weise kennenzulernen. Herzlich willkommen in Island!

Reykjavík und der Südwesten

Islands Südwesten hält ein Potpourri der Kontraste bereit. Natur-Highlights wie Gullfoss und Geysir und die raue Lavalandschaft der Halbinsel Reykjanes auf der einen, raumfressende Betonarchitektur der Metropolitan Area von Reykjavík auf der anderen Seite. Ein idealer Ort, um die Vielfalt des Landes kennenzulernen.

Reykjavík

Oben: Klare Luft, weiter Blick: Der Vulkan, der hinter Reykjavík am Horizont aufragt, ist der 120 Kilomter entfernte Snæfellsjökull. – Mitte: Ikone modernen Kaffeehauslebens ist das »kaffi&bistro sólon« am Laugavegur. – Unten: Farbenfrohe Nachbarin des Geysirs Strokkur im Haukadalur ist die Thermalquelle Blesi.

Reykjavík und der Südwesten

Wo das moderne Island zu Hause ist

Stadtzentrum – Harpa – Perlan – Golden Circle – Gullfoss – Strokkur – Blaue Lagune – Reykjanes

Reykjavík schaffte Anfang der 1990er-Jahre den Sprung zur 100 000-Einwohner-Stadt, heute leben dort über 120 000 Menschen. Die Stadt wächst schnell, ein moderner Moloch vor imposantem Panorama. Bei der ersten Annäherung merkt man kaum, ob man schon die eigentliche Hauptstadt erreicht hat oder noch durch eine der formal selbstständigen Vorstädte fährt: Hafnarfjörður, Garðabær, Kópavogur, Mosfellsbær. Gut 80 000 Bewohner zählt allein dieses scheinbar grenzenlos zusammengewachsene Konglomerat von Wohnstädten. Nur die einst von Flensburger Kaufleuten viel frequentierte Hansestadt Hafnarfjörður sticht mit eigenständigem, städtischem Charakter hervor.

Charme und Charakter hat aber auch Reykjavík, und je mehr man sich mit der nördlichsten Hauptstadt der Welt – sie liegt auf ca. 67° Nord, auf gleicher Höhe wie Nordkanada und das nördliche Sibirien – befasst, desto mehr offenbart sie sich davon. Im alten Zentrum entdeckt man leicht anheimelnde Ecken, kleine Gassen und verschiedenste Shops. Trotz des hohen Preisniveaus sind extravagante Designermode, innovativer Schmuck und edle Uhren beliebt: Eine gut organisierte Mehrwertsteuererstattung für Touristen unter dem Label »TAX FREE« macht Shoppen durchaus interessant. Nach dem Ende der grotesken Bier-Prohibition 1989 – vorher wurde in den wenigen Kneipen allenfalls Leichtbier mit Vodka zu legalen Biercocktails upgegradet, während echtes Bier nur im Duty-free-Shop von Keflavík verkauft werden durfte, dort aber auch an Ankommende – hat sich eine muntere, manchmal schrille Kneipen- und Clubszene beiderseits der Haupteinkaufsachse Austurstræti, Bankastræti und Laugavegur entwickelt.

Links: In den Gewächshäusern von Hveragerði gedeihen exotische Blüten. –
Rechts: Reykjavíks Altstadt. Der moderne Kontrast oben rechts im Bild ist das Rathaus.

Runtur – auf Piste in Reykjavik

Am Tage locken traditionelle Kaffeehäuser mit leckeren Kuchen und moderne Cafés im Bistro-Stil mit globalen Kaffeespezialitäten, zu späterer
Stunde gehört dann Livemusik zum guten Ton: Reykjavik soll 200 bis
300 Bands und Solomusiker haben, die regelmäßig auftreten. Die meist
kleinen Clubs sind so angesagt, dass Islands Hauptstadt vor allem in England als Wochenendziel beliebt ist, auch bei Celebrities. Und wer
schwärmt nicht später gern daheim, er habe Björk in ihrem Stammclub,
der schummerigen kleinen »Kaffibarinn« getroffen, die auch schon als
Literaturschauplatz und Filmset in Baltasar Kormákurs Kultfilm »101
Reykjavik« Furore machte, der schon im Namen auf das Viertel anspielt:
101 ist die Postleitzahl des Zentrums.

Vor allem an Wochenenden tobt auf dem Drei-Straßen-Boulevard pure
Lebenslust von Mitternacht bis zum Morgengrauen. Der späte Start ist
hohen Preisen geschuldet, da wird zu Hause vorgeglüht. Das hilft dann
den Hipstern, selbst in eisiger Nacht so luftig aufgebrezelt über die Bankastræti zu staksen, als wär's der Sunset Strip im Sommer. Pubcrawl à la

Reykjavík, im lokalen Slang Rúntur, findet bei jedem Wetter auch draußen statt, allein schon, weil man bei vielen Locations erst vor der Tür anstehen muss.

Ungewohnt für Mitteleuropäer ist der unendliche Autokorso mitten durch diese Szenerie: Rúnturinn verpestet zwar die Luft, aber man gibt nicht so viel Geld aus wie indoor, sieht sich trotzdem, wird gesehen, quasselt durchs Autofenster mit Buddys auf dem Bürgersteig und macht Boxenstopp am Hotdog-Stand oder holt an der Tanke die nächste Runde Cola und Prins Póló – die polnischen Schokokekse sind seit Urzeiten der Isländer liebste Kaloriensünde.

Grün und bunte Kultur

Zu Reykjavíks Charme tragen auch allgegenwärtige Grünanlagen, kleine Gärten und der über 900 Meter hohe Hausberg Esja bei, der im Norden aufragt. Dem romantischen Stadtteich Tjörnin wurde eine Ecke für den Bau des pompösen Rathauses abgezwackt, aber er gilt als ornithologisches Kleinod wegen der vielen Vogelarten, die sich hier beobachten lassen. Und welche andere Metropole kann schon von sich behaupten, einen der bekanntesten Lachsflüsse des Landes im Stadtgebiet zu haben wie Reykjavík mit der Elliðaár? Sicher können Museen und Galerien – abgesehen vom weltweit einzigen Penis-Museum »Hið Íslenzka Reðasafn« – nicht mit Institutionen in New York, London oder Berlin konkurrieren, zeugen aber doch von einer experimentierfreudigen, bunten Kunstszene. Und auch Stadt- und Nationaltheater brauchen den Vergleich mit Häusern anderer »kleiner Metropolen« nicht zu scheuen.

Aus Finanzruinen auferstanden: die Harfe

Sinfóníuhljómsveit Íslands, das isländische Sinfonieorchester, sowie Íslenska Óperan, die isländische Oper, die sich beide lange mit »Notunterkünften« in der Stadt begnügen mussten, erleben einen Aufschwung,

Links: Nach dem Bankencrash als Symbol für »Es geht trotzdem weiter« vollendet: Konzerthaus Harpa – Rechts: Die Anfänge der Besiedlung im Museum

Das Konzerthaus Harpa in Reykjavík haben zwei Architekturbüros aus Dänemark und Island sowie der Installationskünstler Ólafur Elíasson gestaltet. Die Glaselemente bilden ein selbsttragendes System ohne sichtbare Stützkonstruktion.

seit 2011 am Rande des alten Ha-
fens ihre neue Wirkungsstätte, das
Konzerthaus Harpa, die Harfe,
eröffnete. Nun wirken sie in
einem in jeder Hinsicht exzellen-
ten Rahmen, können eine perfekte Akustik nutzen und im
größten der vier Säle 1800 Menschen begeistern – aber das Haus
stiehlt ihnen die Show: Harpa ist

ein interdisziplinärer Geniestreich zweier Architektenbüros
aus Dänemark und Island sowie des Installationskünstlers Ólafur Elíasson. Seine Fassade gibt dem Bau, der wie eine Klippe am Wasser steht,
eine skulpturale Dimension. Wer sie von außen erlebt, will sie von innen
verstehen: Die unzähligen Glaselemente sind so schräg, scheinbar in
sich stürzenden Säulen arrangiert, ein selbsttragendes System ohne erkennbare Stützkonstruktion. Verwendet wurde changierendes Farbef-
fektglas. Dass sich die Farben der einzelnen Scheiben permanent durch
Blickwinkel, Wetter und Tageslicht verändern, sprengt gängige
Wahrnehmungsmuster. Die Fassade greift Formen der isländischen La-
valandschaften auf und ist doch ein komplex berechnetes, sorgfältig aus-
getüfteltes System aus Licht, Spiegelungen und Reflektionen. 2013
wurde die Harpa mit dem internationalen Mies-van-der-Rohe-Architek-
turpreis ausgezeichnet.
Dass das Haus preiswürdig wurde und nicht als Bauruine endete, ist ein
Wunder. Harpa wurde auf dem Höhepunkt der isländischen Banken-
blase als kulturelles Feigenblatt eines protzigen Kongress-, Shopping-,
Banken- und Hotelkomplexes geplant, natürlich privat finanziert und
alles nur vom Feinsten – Island spielte gerade Dubai im Nordatlantik.
Damit war es vorbei, als die Banken zusammenbrachen. Mit viel Trotz,
Wut und Mut übernahmen Staat und Stadt Reykjavik das Projekt,
reduzierten es auf die kulturelle Dimension, da aber ohne Abstriche, und
brachten den Bau zu Ende: ein prachtvolles Kulturhaus für das ganze
isländische Volk, »vom Munde abgespart« durch schmerzhafte Streichun-
gen an anderer Stelle. Aber es hat sich gelohnt.

Links: Skulpturengruppe »Dansleikur« – Rechts: Die Hallgrímskirkja

Gute Sicht an der Rauchbucht

Natürlich kann Reykjavík dank sorgfältiger Aufzeichnungen aus der Sagazeit seine Entstehung auf einen Siedler der ersten Stunde zurückführen, sogar auf den ersten Dauersiedler Islands überhaupt: Ingólfur Arnarson. Der musste zusammen mit seinem Ziehbruder Leif Norwegen verlassen, um einer Blutrache aus dem Weg zu gehen. Den beiden kamen Berichte über neues Land, das von Stürmen getriebene Seefahrer entdeckt hatten, gerade recht. Das genaue Jahr ihrer Anreise – 874 – findet sich im Landnámabók, in dem auch nachzulesen ist, weshalb Ingólfur gerade in Reykjavík siedelte: »Als Ingolf Island sah, warf er seine Hochsitzpfeiler über Bord. Dazu sprach er, er wolle sich da ansiedeln, wo die Säulen an Land kämen.« Nach drei Wintern an verschiedenen Orten in Südisland fanden seine Knechte endlich die geschnitzten Stämme, und Ingólfur baute dort seinen Hof.

Die Fundstelle an einer Bucht, an der der Dampf heißer Quellen in den Himmel stieg, wurde nach den örtlichen Gegebenheiten benannt: Rauchbucht oder, in der Sprache der Nordleute, Reykjavík. Heute wirkt

der Name paradox: Die Häuser des gesamten Hauptstadtbereichs werden mit
geothermischer Energie beheizt, kein
qualmender Schornstein vernebelt die
grandiose Aussicht, die sich etwa vom
Turm der Hallgrímskirkja bietet oder
von Perlan, der gläsernen Perle, die auf
dem Hügel Öskjuhlíð über den sechs

Tanks der Heißwasserversorgung der Hauptstadt thront. Zu sehen gibt
es viel: Reykjavík liegt am Ufer der Meeresbucht Faxaflói, die sich nach
Westen öffnet und für perfekte Sonnenuntergänge sorgt, während in anderen Himmelsrichtungen imposante Bergkulissen den Horizont füllen.

Wasserfälle und Geysire

Trotz aller Attraktivität der Stadt gehören Ausflüge zum Programm jedes
Reykjavík-Aufenthalts. Der Klassiker ist die »Golden Circle Tour« zu den
Highlights im Südwesten: Gullfoss, Geysir, Þingvellir. Am Wege liegt
auch noch die Gewächshausstadt Hveragerði, wo dank geothermischer
Energie Blumen, Gemüse und sogar Bananen gedeihen.

Der Gullfoss, oft als Islands schönster Wasserfall gepriesen, ist eine Krea-
tion des Gletscherflusses Hvítá. Der donnert hier über zwei gegeneinan-
der versetzte Stufen mehr als 30 Meter in einen engen Canyon. Wenn
am frühen Nachmittag sonniger Tage ein Regenbogen in der Gischt über
dem Wasserfall schwebt, wird die Bedeutung des Namens klar: Goldener
Wasserfall. Während im Winter klares Quellwasser überwiegt und sich
bei strengem Frost Skulpturen aus meterdicken Eiskaskaden bilden,
stürzt im Sommer milchig-graues Gletscherwasser über den Fall. Dabei
wurden Rekordmengen von 2000 Kubikmetern pro Sekunde gemessen,
eine Energie, die Begehrlichkeiten weckte: Der Gullfoss sollte ein Wasserkraftwerk werden. Der Bauer vom nahen Hof Brattholt, zu dessen
Land er gehörte, verweigerte seinen Verkauf, später kämpfte seine Tochter
Sigríður (1871–1957) beharrlich für den Erhalt. Seit 1979 steht der Fall

*Links: Der Gullfoss, der Goldene Wasserfall, ist eine der Fünf-Sterne-Attraktionen am
Golden Circle. – Rechts: Badespaß in einem heißen Bach im Reykjadalur*

Island hat keine Schönwettergarantie, aber
»schlechtes« Wetter hat auch etwas Gutes,
es macht Islands Geysire wie hier den
Strokkur muntererer und sprunggewaltiger,
denn sie brauchen das Wasser.

unter Naturschutz und an der Stelle, von der aus man ihn am besten sieht, schaut Sigríður í Brattholti von einer Bronzeplatte aus nach dem Rechten.

Nur ein paar Kilometer weiter wartet die nächste Natursensation: Im Haukadalur ist der Namensvater aller Springquellen, Stóri Geysir, der Große Geysir, zwar erlahmt, sein kleiner Nachbar Strokkur, das »Butterfass«, schießt aber alle paar Minuten mit einer Säule aus Wasser und Dampf in den Himmel. Grund für das fotogene Naturphänomen ist der durch Druck auf mehr als 120 °C erhöhte Siedepunkt des Wassers im Inneren des schachtförmigen Quellenlochs, wo Geothermik am Werk ist. Fängt es in der Tiefe an zu brodeln, steigt das kochende Wasser auf. Mit jedem Meter, den das Wasser höher kommt, sinkt der Druck und folglich der Siedepunkt: An der Oberfläche findet die explosionsartige Eruption statt, angekündigt durch eine imposante Wasserkuppel.

Bevor sich der »Golden Circle« in Reykjavík schließt, kommt man in Þingvellir – seit 1928 Islands erster Nationalpark, seit 2004 sein erstes UNESCO-Welterbe – der Landesgeschichte so nah wie nirgendwo sonst. Auf den Versammlungsfeldern, dafür steht das isländische Wort Þingvellir, tagte das Alþingi, das älteste Parlament der Welt, schon im Jahr 930. Hier wurde im Jahr 1000 der Beschluss gefasst, der das Christentum auf die Insel und die alten Götter aufs Abstellgleis brachte. Hier besiegelten die Isländer 1262 das Ende des ersten Freistaats, als sie Norwegens König die Treue schworen. Hier wurden bis 1622 letzte Funken der Selbstbestimmung wachgehalten, und als die dänisch-norwegische Doppelmonarchie absolutistisch wurde, tagte an diesem Platz bis zum Ende des 18. Jahrhunderts noch der Gesetzgebungsausschuss Løgretta, ein letzter Hort des Parlamentarismus.

Obwohl das im Zuge der Unabhängigkeitsbestrebungen 1843 ins Leben zurückgerufene Althing in Reykjavík angesiedelt wurde, zelebrierte man

Links: Köche des Restaurants »Lækjabrekka« in Reykjavík – Rechts: Der Öxará wurde schon bei den ersten Thingversammlungen zur besseren Wasserversorgung umgeleitet.

Bedeutendes weiterhin in Þingvellir, so 1874 die Entgegennahme einer neuen Verfassung aus den Händen des dänischen Königs oder 1944 die Ausrufung der Republik nach 682 Jahren unter norwegisch-dänischer Fremdherrschaft. Und in Þingvellir wird gern Wichtiges gefeiert, 1994 etwa der 50. Geburtstag des selbstständigen Islands in Anwesenheit aller nordeuropäischen Staatsoberhäupter. Es prägen jedoch keine Monumentalbauten diesen Ort, es gibt nur Ausgrabungen bescheidener Grundmauern, eine kleine Kirche von 1859 und die Gebäude der Nationalparkverwaltung. Die Natur hat Menschenwerk überflüssig gemacht: Alle freien Männer des alten Islands passten in die Almannagjá, die Allmännerschlucht, und wenn der Gesetzessprecher von seiner Anhöhe herab das mündlich überlieferte Recht rezitierte, sorgte eine Felswand für die nötige Akustik. Während der Sitzungsperioden – in der Regel einmal im Jahr 14 Tage lang – lebte man in Zelten und kleinen Hütten. Um den Versammlungsort besser mit Wasser zu versorgen, wurde schon damals in die Natur eingegriffen und der Fluss Öxará in die Almannagjá umgeleitet mit einem äußerst pittoresken Wasserfall.

Die Blaue Lagune

In der anderen Landschaft des Südwestens, auf der in den Atlantik hinausragenden Halbinsel Reykjanesskagi, liegt im Nirgendwo der Lavafelder Bláa Lónið. Natürlich kann man über die Geschäftigkeit der Betreiber, die Shops und Lokale am Rande, die Bar im Wasser und die vielen Touristen die Nase rümpfen, aber das alles kommt nur an diesem einzigartigen Ort zusammen, weil die Blaue Lagune einfach eines der schönsten Thermalbäder der Welt ist. Der imme warme Badesee ist 5000 Quadratmeter groß, künstlich und mit allem Komfort rundherum angelegt, aber doch so geschickt, dass man sich in einem Naturbad wähnt. Hier muss man gewesen sein, sich auf den Riffs aus Lava räkeln, deren Kanten Mineralablagerungen wie eine Zuckerglasur überziehen. Selbst im Winter, wenn eisige Winde Schneeflocken über das Wasser jagen, hält man es prächtig aus in der wohligen Wärme.

Dabei sprechen die Fakten gegen die Idylle: Die Blaue Lagune nutzt das Abwasser eines Kraftwerks, das mit 240 °C heißem Dampf aus Tiefenbohrungen Heißwasser, Strom und Fernwärme gewinnt. Am Anfang die-

scr Prozesse steht ein Wärmeaustausch, denn der
Mix aus der Tiefe ist so salzhaltig, dass er alle
Maschinen zerfressen würde. Der danach stark
abgekühlte Dampf wird zu Wasser und fließt in
die Lagune. Durch Zufall entdeckte man seine
Heilwirkung bei Schuppenflechte – ein Kurbad
nutzt einen Teil des Sees für Behandlungen.

Noch etwas macht die Blaue Lagune einzigartig: Sie liegt so günstig zum
Flughafen Keflavík, dass Transitpassagiere auf dem Weg zwischen Europa
und Nordamerika, die hier Aufenthalt haben, kurz ein Bad nehmen können – das etwas andere Transatlantikflug-Erlebnis.

Zwischen den Kontinenten

Man darf über die Blaue Lagune aber nicht das Drumherum vergessen,
den Rest der Halbinsel Reykjanesskagi. Der Stiefel, mit dem Island nach
Amerika tritt, wird im Alltag meist nur nach seiner Hacke benannt, der
südwestlichsten Spitze Reykjanes. Kaum zugängliche Steilküsten bilden
Paradiese für Seevögel, dazwischen Dünen und flache Strände mit
schwarzem Sand und munterem Badeleben an warmen Tagen. Im Früh-
jahr und Herbst machen hier Watvögel und seltene Gänsearten auf ihren
Vogelzügen zwischen Winterquartieren auf den Britischen Inseln und in
Westeuropa und sommerlichen Brutplätzen in Grönland und Kanada
Station, beäugt von Ornithologen aus aller Welt.

Überhaupt bietet die Halbinsel rund um Islands Einfallstor bis auf Gletscher alles, was das Land berühmt machte: Bei Krýsuvík dampft, brodelt
und zischt ein großes geothermisches Feld. Die Zeichen des Vulkanismus
kommen nicht von ungefähr: Geologen sehen in der Halbinsel die ober-
irdische Fortsetzung des Mittelatlantischen Rückens. Unzählige Erdspalten zeigen, dass hier die Kontinentalplatten Amerikas und Eurasiens
auseinanderdriften. Über eine der Spalten haben findige Tourismusma-
nager eine Brücke legen lassen: kein Schildbürgerstreich, sondern die
»Brücke zwischen den Kontinenten«.

Links: Bláa Lonið, die Blaue Lagune, ist Islands berühmtester Badesee. – Rechts: Die
»Brücke zwischen den Kontinenten« visualisiert die Verschiebung der Kontinentalplatten.

Der Westen

Viele Urlauber »machen« in Island zuerst die Highlights wie Gullfoss und Geysir, die Gletscher im Süden, den Mývatn im Norden und vielleicht eine Fahrt quer durchs Hochland. Dann merken sie, dass noch ein großer Teil des Landes einer Erkundung harrt, vielleicht ein Grund, noch einmal wiederzukommen: Snæfellsnes, Islands Zeigefinger nach Westen, und das fast an den Polarkreis stoßende, vielgliedrige und einsame Land der Westfjorde. Hier finden sie ein ursprünglicheres Island, das deutlich weniger Touristen durchstreifen als die Gebiete entlang der Ringstraße und der bekanntesten Hochlandrouten.

Oben: Sonnenuntergang über dem Breiðafjörður, im Hintergrund die Steilküste von Barðaströnd – Mitte: Papageitaucher warten am Látrabjarg auf Besucher. – Unten: Während des Heringsbooms in den 1930ern entstand in Djúpavík eine große Heringsfabrik – heute leben nur noch zwei Menschen im ganzen Ort.

Der Westen

Island authentisch

Hvalfjörður – Borgarfjörður – Snæfellsjökull –
Stykkishólmur – Flatey – Látrabjarg –
Ísafjörður – Hornstrandir – Norðurfjörður

An kalten, klaren Tagen, die Island so
faszinierend weitsichtig machen, erblickt
man schon vom internationalen Flug-
hafen Keflavík aus beim Blick nach Nor-
den eine Schneekuppe am Horizont:
Deutlich zeichnet sich der Snæfellsjökull
auf der anderen Seite der Bucht Faxaflói
ab, gut 100 Kilometer Luftlinie entfernt.
Auf der Straße ist es fast dreimal so weit.

Nördlich von Reykjavík könnte der lang gezogene, schmale Hvalfjörður
unterwegs die erste Begegnung mit Islands Westen bieten, und an schönen Tagen lohnen die 48 Kilometer Umweg, aber die meisten Autofahrer
nutzen lieber eine moderne Errungenschaft: Hvalfjarðargöng. Der fast
sechs Kilometer lange und an der tiefsten Stelle 165 Meter unter dem

Meeresgrund der Fjordmündung verlaufende Tunnel verkürzt die Fahrt von Reykjavík in den Westen um eine Stunde. Übrigens wird sogar hier Geothermik genutzt: Die Basaltfelsen, durch die der Tunnel führt, sind überall unterschiedlich warm. Ein besonders warmer Fleck heizt die Luft nahe der südlichen Öffnung auf, sie steigt dadurch Richtung Ausgang – und es entsteht eine natürliche Zirkulation, die Strom für die Ventilatoren spart. Man sollte aber nicht verschweigen, dass die Kapazitätsgrenze für Tunnel mit Gegenverkehr – EU-Norm: 8000 Fahrzeuge pro Tag – im Jahresdurchschnitt bald erreicht ist und er bereits 2010 bei einem europaweiten Tunneltest ein »mangelhaft« bekam. Wählt man den »oberirdischen« Weg um den Fjord herum, erlebt man ein abwechslungsreiches Landschaftspanorama, aber auch die letzte, formal noch aktive Walfangstation des Nordatlantiks – fängt die Firma Hvalur Finnwale, werden sie hier zerlegt (S. 34).

Links: Hinter der Kirche von Ingjaldshóll ragt der Doppelgipfel des Vulkans Snæfellsjökull in den Himmel. – Rechts: Junge Küstenseeschwalben auf der Insel Flatey

Das Tor zum Mittelpunkt der Erde

Im Hinterland des breiten Borgarfjörður reicht dann gutes Bauernland weit ins Landesinnere hinein. Hier war einst Snorri Sturluson (1179–1241) zu Hause, die profilierteste Persönlichkeit der Sagazeit. Erinnerungen an ihn wie sein Badebecken in Reykholt gehören zu den wenigen greifbaren Hinterlassenschaften dieser großen Epoche der nordeuropäischen Geschichte, die in Island erhalten sind.

Bald hinter dem Städtchen Borgarnes, wo man die Ringstraße verlässt und auf Snæfellsnes hinausfährt, erhebt sich der Kraterring Eldborg, Feuerburg, seinem Namen gemäß wie eine Burg aus Lava. Obwohl die Halbinsel Snæfellsnes heute nicht mehr zu Islands vulkanisch aktiven Zonen zählt, ist Eldborg ein Denkmal ihrer feurigen Jugend. Andere Zeugnisse dieser Epoche sind die mächtigen Basaltsäulen am Gerðuberg, die bizarre und unwirtliche Berserkjahraun, Lava der Berserker, und der bunte Liparitberg Drápuhlíðarfjall nahe Stykkishólmur.

Das alles aber übertrifft der Snæfellsjökull mit seinem charakteristischen Doppelgipfel (1446 bzw. 1442 Meter). Vor 2000 Jahren etwa war er zum

letzten Mal aktiv. Der heute auf der Spitze vergletscherte Ex-Vulkan ist einer der schönsten Berge der Welt und eine literarische Berühmtheit. In seinem Krater beginnt Jules Vernes »Reise zum Mittelpunkt der Erde«, und um ihn herum lässt Literatur-Nobelpreisträger Halldór Laxness seinen bischöflichen Gesandten das Leben »Am Gletscher« beobachten.

Die Schokoladenseite des Snæfellsjökull ist der Südwesthang. Einmal muss man hier an einem klaren Sommerabend, wenn die Sonne fast bis Mitternacht für eine Lightshow sorgt, im Moos über uralter Lava liegen, den Anblick genießen und rätseln: Wie kamen die Formen auf die Hänge? Sind es die Wurzeln eines Riesenbaums, oder sind Trolle auf Zauberskiern über die frisch geflossene Lava den Hang hinuntergewedelt? Wenn es dann zu kalt wird, kann man den markanten Berg in der mondänen Country-Hotel-Atmosphäre des »Hótel Búðir« durch die Panoramafenster betrachten. Das Traditionshotel, äußerlich an ein historisches Landhandelshaus erinnernd, wird im Stil einer komfortablen Lodge geführt. Dazu passt die Küche, die schon immer für Innovation berühmt war: Lokale Rohwaren aus Meer und Hochland – Fisch und Lamm – werden zu kulinarischen Glücksmomenten veredelt. Gleich hinter dem Hotel erstreckt sich einer der schönsten Strände Islands: Goldgelbe Sanddünen leuchten vor schwarzer Lava und dem stets schneebedeckten Snæfellsjökull. An warmen Sommertagen findet richtiges Strandleben statt, aber das dürfte Touristen aus Mitteleuropa wenig interessieren, denen der Sinn meist nach Begegnungen mit dem ewigen Eis steht. Unter Führung eines einheimischen Guides kann man den Snæfellsjökull leicht erklimmen; für faulere Gemüter gibt es auch Gletschertrips mit Snowmobilen.

An der Nordküste von Snæfellsnes erweist sich Stykkishólmur als charmante Kleinstadt. Überragt von einer futuristischen Kirche, ist am Hafen ein kleines Ensemble historischer Häuser (19. Jh.) liebevoll restauriert.

Links: Der 31 Meter hohe Leuchtturm Malarrif – Rechts: Seemannsdenkmal am Sjóminjagarðinum á Hellissandi, dem Seefahrts- und Fischereimuseum von Hellisandur

Mitternachtssonne lässt die Klippen von
Hornbjarg auf Hornstrandir aufglühen.

Noch mehr Nostalgie zeigt das Inseldorf Flatey. Dort legt die Fähre »Baldur« an bei ihren Überfahrten zwischen Stykkishólmur und Brjánslækur, dem Gateway in die Westfjorde. Wer seine Reiseroute gut plant, kann zwischen Vor- und Nachmittagsüberfahrt über sechs Stunden zur Erkundung der Inselidylle nutzen. Flatey, ganzjährig nur noch von einer Handvoll Menschen bewohnt, hat ein malerisches, geschlossenes Dorfbild bewahrt, wie man es sonst in Island nicht mehr findet. Immer wieder drehen Filmteams hier Szenen aus der Zeit der Jahrhundertwende. Ein paar Stunden zu vertrödeln macht überhaupt nichts, denn dank der hellen Nächte so knapp unter dem Polarkreis hat man viel mehr vom Tag als im Süden. Fast scheint es, als würden auch die wenigen Bewohner der Westfjorde jeden hellen Augenblick des Sommers nutzen und ihren Schlaf im Winter nachholen. Problemlos kann man sein Quartier erst gegen 22 oder 23 Uhr beziehen, solange man die späte Ankunft telefonisch angekündigt hat. Wahrscheinlich wird man dann noch mit dem Nationalgetränk begrüßt, das unabhängig von der Tageszeit getrunken wird: Kaffee.

Am westlichsten Fleck Europas

Die westlichste Übernachtungsmöglichkeit auf europäischem Boden ist das Gästehaus »Breiðavík«. Die Zimmerchen des ehemaligen Internats für »Schwererziehbare« wirken teils noch sehr spartanisch, andere hat man auf einfachen Standard aufgerüstet. Der Luxus ist aber, hier, am Ende aller Wege, überhaupt ein Dach über den Kopf, ein Bett für die Nacht und ein Frühstück im Warmen zu bekommen. Rundherum gibt es nur Natur pur.

Der Name »Breiðavík« stammt von der Bucht mit dem weiten Traumsandstrand hinter dem Haus. Damals, als die Fischerboote noch keinen Motor hatten, existierten hier und im benachbarten Hvallátur muntere Fischerdörfer. Das Ufer war flach genug, um Boote an Land zu ziehen,

Links: Die Basaltsäulen von Gerðuberg ragen bis zu 15 Meter in die Höhe. – Rechts: Buntes Städtchen und Tor zum Westen Islands: Borgarnes

und beste Fanggründe lagen direkt vor der Tür. Natürlich wurden die Männer, die anheuern wollten, an Ort und Stelle geprüft: Am Strand von Hvallátur liegen noch die Hebesteine zum Kräftemessen.

Unweit von hier findet sich der Höhepunkt der Westfjorde, Europas westlichster Fleck: Látrabjarg mit seinen bis zu 440 Meter hohen, meist lotrechten Basaltwänden zählt zu den bedeutendsten Vogelbergen des Nordatlantiks. Papageitaucher empfangen die Besucher gleich neben dem Leuchtturm von Bjargtangar, der das Ende der einzigen Zufahrtstraße markiert. Die fotogenen »Arktischen Brüderchen«, so der lateinische Name, lassen sich scheinbar gern ablichten. Bei einem Spaziergang an den Klippen sieht man Eissturmvögel wie schwerelos über dem Abgrund tanzen, entdeckt Lummen und Tordalke, deren weltweit größte Kolonie hier existiert, und beim Blick über die Kante erahnt man die Krähenscharben tief unten.

Etliche Stopps erlaubend, ist es eine Tagesetappe von Látrabjarg bis nach Ísafjörður, der Hauptstadt der Westfjorde: Im Sommer sind alle Sehenswürdigkeiten der Region von hier aus zu erreichen, und im Seljalandsdal

im Westen lässt es sich im Winter ausgezeichnet Ski fahren. Natürlich kann auch Ísafjörður seine Geschichte bis in die frühesten Tage der Besiedlung Islands zurückverfolgen. Helgi Hrólfsson baute seinen ersten Hof auf der Landzunge Eyri, auf der heute das Zentrum liegt. Helgi nannte den Fjord Skutulsfjörður, Harpunenfjord, weil er am Ufer eine alte Harpune fand. Ab Mitte des 16. Jahrhunderts unterhielt die Hanse hier ein kleines Kontor, das im Zuge des Monopolhandels von einer dänischen Niederlassung ersetzt wurde. Aus dieser Zeit stammen einige Lagerhäuser, die heute als Museum über Seefahrt, Handel und Fischerei dienen.

Einsame Küsten

Fast immer startet man von Ísafjörður zur Erkundung des Naturschutzgebiets auf Hornstrandir. Die Halbinsel im Nordosten der Westfjorde besitzt spektakuläre Küsten, vor allem an der Bucht Hornvik mit dem steil ins Meer abgebrochenen Hornbjarg, aber es sind weniger namentlich bekannte Highlights als anspruchsvolle Trekkingtouren, die die Gegend

so reizvoll machen – und die Einsamkeit, die viele Mitteleuropäer suchen: Auf Hornstrandir lebt heute niemand mehr ständig, aber viele der noch intakten Häuser werden im Sommer an Wanderer vermietet oder von Familien genutzt, die von hier stammen.

Im Sommer via Straße, im Winter ausschließlich per Flugzeug oder Schneemobil ist die Strandir-Küste im Osten der Westfjorde erreichbar. Nur noch ein paar Hundert Menschen sind in dieser wildromantischen Landschaft zu Hause. Der Tourismus hat hier bisher kaum Fuß gefasst, und Mainstream wird die Region bestimmt nie werden. Dabei bietet die Fahrt an der Strandir-Küste grandiose Bergpanoramen, Steilküsten, Strände voller Treibholz, und oft liegen Robben am Ufer. In einem Geisterstädtchen, das bis Mitte des 20. Jahrhunderts einen Fischboom erlebte, dann aber mit dem Ausbleiben der Heringsfänge langsam verfiel, lädt das urgemütliche »Hótel Djúpavík« zum Bleiben ein: Würde man die schönsten Hotels der Welt nicht nach Luxus und Bettenbreite bestimmen, sondern nach ihren inneren Werten, »Hótel Djúpavík« gehörte auf jeden Fall dazu. Das Morbide des Ortes, vor allem der alten Fischfabrik mit ihren verschachtelten Etagen, den blätternden Wänden, den rostenden Maschinen, stellt immer wieder den Rahmen für Konzerte und Ausstellungen. Auch Sigur Rós, Islands Weltstars der epischen Slow-Motion-Musik, traten hier schon auf.

Eva, die energische Seele des Hauses, kocht nicht nur gut, sondern gibt auch Tipps für Streifzüge. Aber alles verrät auch sie nicht: Den Hot Pot am Strand von … (nein, auch wir verraten nichts!), nur einen Sprung von den eisigen Wellen des Nordmeers entfernt, muss man schon selbst bei einer Küstenwanderung entdecken. Wer ihn nicht findet, kann sich mit einem der urigsten Schwimmbäder Islands trösten: Der Pool Krossanes am Norðurfjörður, den eine heiße Quelle stetig speist, liegt ebenfalls direkt am Atlantikufer.

Links: Der Rauðasandur-Strand weit im Westen der Westfjorde –
Rechts: Das Leuchtfeuer auf Súgandisey bewacht die Hafeneinfahrt von Stykkishólmur.

Die Steilküste am Dýrafjörður ist eine der wildesten Gegenden Islands.

Der Norden

Vielfalt prägt Islands Landschaftsformen und im Norden scheint das zwischen der Bucht Húnaflói im Westen und der Halbinsel Langanes im Osten besonders ausgeprägt zu sein. Die Pferdehochburg am Skagafjörður, reiches Bauernland am Eyjafjörður, die charmante Provinzmetropole Akureyri, die Mývatn-Region – ein geologisch-ornithologisches Freilichtmuseum –, der Canyon Jökulsárgljúfur mit dem Wasserfall Dettifoss und die geheimnisvolle Schlucht Ásbyrgi, die Ausläufer der Lavawüste Ódáðahraun oder das einsame Melrakkaslétta, mit dem Islands Festland wie mit einer breiten Zunge am Polarkreis leckt – ein grandioses Paket faszinierender Eindrücke.

Oben: Selbst beim Campen am See hat man einen Vulkankegel im Blick. – Mitte: Im Hinterland von Akureyri verkauft die Touristenfalle »Jólagarðurinn«, der Hof des Weihnachtsmanns, rund ums Jahr Weihnachtskitsch. – Unten: Der Sellandafjall ist ein typischer Tafelvulkan, entstanden unter dem Eispanzer der letzten Eiszeit.

Der Norden

Annäherungen an den Polarkreis

Hvammstangi – Hvítserkur – Skagafjörður – Glaumbær – Akureyri – Húsavík – Myvatn – Jökulsárgljúfur-Nationalpark – Dettifoss – Ásbyrgi – Melrakkaslétta

Da die Besucher meist der Ringstraße folgen, bleibt in Islands Norden vieles wenige Kilometer abseits dieser Verkehrsachse unentdeckt. Das gilt vor allem für die Küsten der einsamen Halbinseln am Nordmeer, die in Island dem Polarkreis am nächsten kommen – übrigens auch die, vor denen im Winter manchmal Treibeis driftet.

Kleinod mit Robbengarantie: Vatnsnes

Die westlichste dieser Halbinseln im Norden heißt Vatnsnes. Die Karte zeigt, dass eine Straße der Küste folgt, und vielleicht, dass von den

75 Kilometern noch ein Teil geschottert ist – aber nicht, wie attraktiv dieser kleine Ausschnitt der isländischen Landschaft ist.

Die einzige Siedlung auf Vatnsnes, Hvammstangi, hat sich im »Zentrum« neben dem kleinen Hafen in den letzten Jahren gemausert: Alte Häuser wurden saniert, ein Lokalmuseum zeigt das Leben vergangener Zeiten, ein anderes informiert über Seehunde, die an den umliegenden Ufern zahlreich leben. Ansonsten ist Hvammstangi typisch isländisch: ein Dorf zwischen Landwirtschaft – es gibt eine große Schlachterei und einen der letzten Wolle verarbeitenden Betriebe des Landes – und Fischerei. Das heiße Wasser für das hiesige Thermalbad kommt übrigens aus dem Nachbardorf Laugarbakki.

Nach Norden folgt die Straße der Bucht Húnaflói, gegenüber ragt die Bergkette der Strandir-Küste auf. Vor dieser Kulisse zeigt sich bald ein Leuchtturm, und dann plötzlich, wie ein großes Rad, Hamarsrétt: ein Pferch, der wie alle dieser Art nur im Herbst eine Funktion hat, wenn die Schafe und Pferde von den Sommerweiden im Inneren der Halbinsel zusammengetrieben und auf ihre Besitzer verteilt werden. Etwas weiter im Norden am Hof Illugastaðir schlängelt sich ein Seehundbeobachtungspfad an der Küste entlang zu einer kleinen Schutzhütte mit Panoramafenstern: Am Ufer und auf vorgelagerten Felsen aalen sich die Robben oder beäugen vom Wasser aus die Besucher an Land.

An der Ostseite der Halbinsel ragt vor der Küste der Hvítserkur aus dem Meer: Stimmt die Sage vom versteinerten Drachen, der das nahe Kloster Þingeyrar zerstören wollte, oder ist es einfach ein ungewöhnlich geformter Basaltfelsen? Bevor man die Ringstraße wieder erreicht, passiert man Islands einzige Burganlage aus dem Mittelalter. Borgarvirki ist einzigartig, eine durch Menschenhand verstärkte, aber von der Natur erschaffene Fluchtburg auf einem festungsähnlichen Basalthügel.

Reiten in der fünften Dimension

Die Hochburgen der isländischen Pferdezucht erlebt man am Skagafjörður. Islandpferde werden von Laien gern als Ponys bezeichnet –

schlimmer kann man einen isländischen Pferdebesitzer nicht kränken. Die robusten Tiere sind Nachfahren nordeuropäischer Kleinpferde, die mit den Siedlern der Wikingerzeit nach Island kamen. Nur auf ihren Hufen konnte Island besiedelt werden, und für viele Regionen brachten erst Geländewagen im 20. Jahrhundert eine Alternative bei der Fortbewegung.

Islands Abgelegenheit wirkte sich isolierend auf die Pferdezucht aus, und seit Ende des 19. Jahrhunderts besteht zudem ein striktes Einfuhrverbot für Pferde. Die meisten Tiere wachsen frei in kleinen Herden auf unbegrenzten Weiden am Rand des Hochlands auf. Mit vier, oft auch erst fünf Sommern auf dem Rücken lernen sie Sattel und Zaumzeug kennen, aber selbst dann verbringen sie etwa das halbe Jahr im Herdenverband auf der Weide. Ein zottelig dickes Winterfell und ihre robuste Natur erlauben es sogar, sie im Winter draußen zu lassen. Und keine andere Pferderasse ist so wenig uniform wie sie: Oft sind sie dreifarbig gescheckt, Mähne und Schweif meist in farblichem Kontrast zum Fell. Der Tölt, die fünfte Gangart neben Schritt, Pass, Trab und Galopp, gilt als ihr Markenzeichen, auch wenn das Islandpferd nicht die einzige Rasse ist, die ihn beherrscht. Im Sattel fühlt man sich wie in einer Sänfte: Hinten rechts, vorn rechts, hinten links, vorn links setzen die Hufe auf – schnell, im Trippelschritt. Man nimmt fast nur die Vorwärtsbewegung wahr, kein Auf und Nieder – Reiter und Pferd fliegen geradezu dahin, ungemein komfortabel!

Leben unter Gras

Wie die Menschen in nicht ganz so ferner Vergangenheit am Skagafjörður und in anderen ländlichen Regionen lebten, dokumentiert der Museumshof Glaumbær. Mitten in der Pferdehochburg repräsentiert der bis 1945 normal bewohnte Grassoden-Hof jenen Baustil, der bis ins 19. Jahrhundert in Island üblich war. Fast scheint es, als wären in Glaum-

Links: Regenbogen über der Bauernhausunterkunft »Brekkulækur« – Rechts: Am Ufer der Halbinsel Vatnsnes liegt der Hamarsrétt auf der Grenze zwischen Meer und Land.

bær die Räume alle eigene Gebäude, verbunden durch einen langen, dunklen Gang. Das auffälligste Zimmer ist die dreigeteilte baðstofa, die große Stube, in der man arbeitete, wohnte, schlief: Tagsüber spannen die Mägde, auf den Betten sitzend, Wolle. Ein paar Kilometer entfernt dokumentiert die 160 Jahre alte Grassodenkirche von Víðimýri, in welcher Bescheidenheit früher der Glauben praktiziert wurde.

Dieses alte Island ist im Norden häufiger anzutreffen. Auch die alten Pfarrhöfe Grenjaðarstaður zwischen Mývatn und Húsavík und Laufás nordöstlich von Akureyri etwa entstanden im 19. Jahrhundert in der traditionellen Bauweise und sind heute Museen.

Die kleine Hauptstadt des Nordens: Akureyri

Sehr viel moderner tritt Akureyri den Besuchern entgegen. Ebenso wie in Reykjavík dominiert eine von Guðjón Samúelsson entworfene Betonkirche das Stadtbild. Der Aufstieg die 100 Treppenstufen von der Fußgängerzone zum Portal der Kirche hinauf lohnt schon wegen der guten Aussicht auf die Metropole des Nordens.

Nun gut, Metropole ist relativ: Mit etwas mehr als 18 000 Einwohnern hat Akureyri nach internationalen Maßstäben eher Kleinstadtformat, ist aber die viertgrößte Stadt Islands und mit Abstand die größte außerhalb der Hauptstadtregion. Und so spielt Akureyri seine Rolle überzeugend mit Universität, hypermodernem Kultur- und Kongresszentrum, Theater, vielen Hotels, guten Restaurants und Cafés, schönen Museen und einem manchmal sogar international genutzten Flugplatz. Das internationale Golfturnier »Arctic Open« poliert das Image zusätzlich auf, als einziges Golfturnier der Welt, das nachts gespielt wird. Deutsche Besucher interessieren sich besonders für ein Museum, in dem Erinnerungen an Jón Stefán Sveinsson (1857–1944) gepflegt werden, der nahe Akureyri geboren wurde, in der Stadt aufwuchs und später lange in Köln lebte,

Links: Islandpferde sind so robust wie berühmt. – Rechts: Wie die Hauptstadt Reykjavík besitzt auch die kleine Nord-Metropole eine moderne Kirche über dem Zentrum.

wo er auch starb. Als Jón »Nonni« Svensson schrieb er elf Bücher über sein Leben. Vor allem die »Nonni-und-Manni«-Bücher über die Kindheit in Island sind bis heute Longseller und waren als Fernsehserie in den späten 1980ern ein Riesenerfolg auch für Islands Bekanntheit im deutschsprachigen Raum.

Akureyri wirbt für sich gern als Stadt der Mitternachtssonne, obwohl es noch rund 100 Kilometer südlich des Polarkreises liegt, der die südlichste Linie markiert, an der man dieses Phänomen beobachten kann. Selbst wenn die Tage am längsten sind, taucht die Sonne in Akureyri unter den Horizont, aber erst nach 1 Uhr nachts und nur für rund eine halbe Stunde. Das ist der leicht verschobenen Zeitzone geschuldet, in der ganz Island lebt, um nicht zu weit von den Arbeitszeiten Mitteleuropas abgekoppelt zu werden. Dort, wo das Festland fast an den Polarkreis stößt, sorgen Lichtbrechungen in der Atmosphäre, die den optischen Sonnenstand immer etwas gegenüber dem berechenbaren erhöhen, dafür, dass die Sonne in den Tagen um den 21. Juni rund um die Uhr über dem Horizont steht. Die ganz echte Mitternachtssonne gibt es aber nur an

einem isländischen Fleck: auf Grímsey, nördlich von Akureyri etwa 40 Kilometer vor dem Festland genau auf dem Polarkreis (66°30' Nord) gelegen, gleich neben dem Flugfeld von einer Säule mit Wegweisern in alle Welt fotogen dokumentiert – hin fliegt man ab Akureyri.

Wal-Metropole Húsavík

In der zweitgrößten Stadt des Nordens, Húsavík, wirkt alles etwas kleiner. Die gut 2200 Bewohner haben anderen Isländern aber etwas voraus: Sie feiern Jahrestage zur Erinnerung an die erste Besiedlung gern einige Jahre vor dem Rest des Landes. Schon um 860 soll hier ein Schiff vom Kontinent gelandet sein, so das Landnámabók: »Ein Mann hieß Garðar Svavarsson, ein Schwede von Geburt. Er fuhr auf Anweisung seiner hellsehenden Mutter aus, um Schneeland – der Name Island wurde erst bei einem späteren Siedlungsversuch geprägt – zu suchen. Er kam östlich vom östlichen Horn ans Land, da war ein guter Ankerplatz. Garðar umsegelte dann das Land und stellte fest, dass es eine Insel war. Er war einen Winter über im Norden in Húsavík im Skjálfandi und baute dort ein

Haus. Als er im Frühling in See gehen wollte,
riss sich das Beiboot los mit einem seiner
Leute namens Náttfari sowie einem Knecht
und einer Magd, die siedelten in der Náttfa-
ravík. Garðar fuhr dann nach Norwegen und
lobte das Land sehr.« Garðar nannte die
Insel, die er umrundet hatte, Garðarsholmur,
ein Name, der sich bekanntermaßen nicht durchsetzte. Die drei
Zurückgebliebenen waren der offiziellen Geschichtsschreibung aber wohl
nicht standesgemäß genug, um als erste Siedler in die Annalen einzuge-
hen. Sie wurden ignoriert und Ingólfur Arnarson, der Gründer Reykja-
víks, konnte diese Ehre im Jahr 874 für sich in Anspruch nehmen.

Eine späte Ehrung erfuhr Náttfari, als Húsavík zu Europas beliebtestem
Ziel für Walbeobachtungen wurde: Die Reederei Norðursigling – die
sich allem isländischen Sprachpurismus zum Trotz ausländischen Besu-
chern als »North Sailing« vorstellt und 1995 als Erste kommerzielle Wal-
beobachtungen in Island durchführte – benannte eines ihrer ersten Boote
nach ihm. Die »Náttfari« hat wie alle Schiffe von Norðursigling einen
Rumpf aus Eichenholz, denn die kleine Reederei hat sich auch auf die
Fahnen geschrieben, Islands Schiffbautradition zu bewahren, und solche
Eichenkutter prägten Jahrzehnte das Bild der isländischen Fischereiflotte.
Inzwischen können Besucher bei Norðursigling mit acht vor Ort restau-
rierten Eichenbooten in See stechen, vier Kutter und vier Schoner. Die
Wale halten sich am liebsten westlich von Húsavík in der Bucht Skjál-
fandi und nah der Küste um die Insel Flatey auf. Die über alle Walsich-
tungen sorgfältig geführten Log-Buch-Einträge der Naturführer auf den
Schiffen haben auch wissenschaftlich einen hohen Wert, lassen sie doch
Rückschlüsse auf die Walbestände zu. Insgesamt sahen Besucher in den
letzten zehn Jahren im Schnitt bei ca. 95–99 Prozent aller Touren Wale.
Unterschiedlich war dabei von Jahr zu Jahr die Verteilung der Arten:
Früher waren die bis zu zehn Meter langen Zwergwale häufigste Gäste,
seit 2011 sind das jedoch die großen Buckelwale, die immer für spekta-

Links: Akureyris Nonnahús erinnert an den Autor Jón Sveinsson. –
Rechts: Der Museumshof Laufás nordöstlich von Akureyri

kuläre Flossen- und Flukenklatscher gut sind. Oft sieht man auch springfreudige Weißschnauzendelfine oder die kleinen Schweinswale. Finnwale, Orkas und Grindwale erlebt man eher selten. Und im Durchschnitt des letzten Jahrzehnts sahen bei einer von zehn Fahrten die Passagiere sogar die ultimativen Giganten der Meere: Blauwale. Und sollte es ausnahmsweise einmal beim Whalewatching nicht klappen, erfährt man alles, was man über Wale wissen wollte, im Walmuseum von Húsavík.

Im siebten Himmel der Ornithologen

Deutlich kleinere Tiere, anderes Element und auch Weltklasse: Der See Mývatn ist ein siebter Himmel für Ornithologen. Dort brüten, abgesehen von Eiderenten, die die Nähe zum Meer bevorzugen und im Mündungsbereich des Mývatn-Abflusses Laxá nahe Húsavík ihre Nester bauen, alle in Island heimischen Enten, zusammen mit zahlreichen anderen Vogelarten.

Der Name »Mückensee« sollte einen nicht schrecken: Die Myriaden von Mücken, ohne die es die Vogelvielfalt nicht gäbe, können an windstillen Sommertagen in Ufernähe gehörig nerven, aber nur eine kleine Minderheit sticht. Die lebt zum Glück nicht am See, sondern zieht fließende Gewässer in der Umgebung vor, abseits der touristischen Zentren.

Rund um den Mývatn scheinen bei der Schaffung der Erde ein paar Handgriffe vergessen worden zu sein, die jetzt erst nach und nach erledigt werden: Seit mehreren Tausend Jahren finden die vulkanischen Aktivitäten kein Ende, und ihre Spuren sind überall. Sogar der See selbst ist das Werk verschiedener Ausbrüche vor 3000 bis 4000 Jahren, bei denen Lavabarrieren die natürlichen Abflüsse aus einer Senke versperrten. Dass die Menschen hier auf dem Vulkan leben, zeigt die kleine Kirche der Siedlung Reykjahlíð: Lavaströme des großen Mývatn-Feuers in den Jahren 1724 bis 1729 schoben sich durch den Ort bis in den See, nur rund um die Kirche ließen sie – werbewirksam für den Glauben – einen kleinen Flecken frei.

Links: Hier wird noch geothermale Energie genutzt. – Rechts: Der Tuffring Hverfjall

Für die Zeugnisse des Vulkanismus am Mývatn könnte man eine eigene Hitliste aufstellen: Am Horizont im Süden und Südosten dominieren drei markante Tafelvulkane: Sellandafjall, Bláfjall und Búrfell. Sie fraßen sich während der letzten Eiszeit langsam durch die Gletschermassen ans Tageslicht. Heute überragen sie das umliegende Gelände um 500 bis 800 Meter. Kurz und heftig ereignete sich dagegen vor rund 2500 Jahren die Geburt des Hverfjall, der das Landschaftsbild am östlichen Seeufer prägt, ein gleichförmiger Krater von etwa einem Kilometer Durchmesser und 100–150 Meter Höhe – der wohl perfekteste seiner Art auf der Welt. Mit diesem Superlativ können sich ohne Zweifel auch die Pseudokrater von Skútustaðir am Südufer des Sees schmücken. Sie entstanden durch Sekundäreruption, verursacht durch Gas, das sich im feuchten Grund unter glühenden Lavaströmen gebildet hatte. Zu solchen Folgeformen vulkanischer Aktivitäten gehören auch Dimmuborgir, die »Schwarzen Burgen«, nicht weit vom Hverfjall. Hinter einem Damm schon erstarrten Ergussgesteins staute sich vor rund 2000 Jahren ein glühender Lavasee

auf. Der erkaltete ungleichmäßig, und als der
Damm dann brach, floss ab, was noch flüssig
genug war. Zurück blieb die bereits erkaltete
Lava: ein Irrgarten aus natürlichen Skulpturen mit Mauern, Türmen, Brücken, Durch-
gängen und sogar einem »Kirchenraum«,
der bei genauem Hinsehen gotische Formen

zeigt. Damals kam die Lava aus den Kraterreihen Lúdentsborgir
und Þrengslaborgir, zwei Prototypen ihrer Art im östlichen Hinterland
des Sees. Folgt man ihnen auf einer Tageswanderung bis ans Südende,
stößt man mit etwas Glück auf die am längsten unbeachtet gebliebene
Hinterlassenschaft des Vulkanismus der Region: Tief im Inneren der
Schlucht Seljahjallagil verbergen sich steile, gut 60 Meter hohe Treppen
aus quer liegenden Basaltsäulen.

In einer speziellen Mývatn-Hitliste dürfen die immer aktiven Zeichen
des heißen Erdinnenlebens nicht fehlen. Zuerst ist da natürlich
Hverarönd zu nennen, Islands bekanntestes Schwefelquellenfeld am Fuß
des Námaskarð. Töpfe, in denen Schlamm träge vor sich hin blubbert,
Bottiche mit siedendem, bleigrauem Wasser, Dampflöcher, von gelben
Schwefelablagerungen umgeben – hier fühlt man sich schlicht und einfach in des Teufels Küche versetzt. Ursache all der Aktivitäten der Erde
ist nach Ansicht von Vulkanologen eine in etwa 4000 Meter Tiefe verborgene Magmakammer. Die bläht sich in regelmäßigen Abständen auf
und presst dann die glühende, zähflüssige Masse in ein Spaltensystem
Richtung Erdoberfläche. Vor Eruptionen lassen sich mit empfindlichen
Messinstrumenten deutlich großflächige Bodenhebungen von einem halben Meter und mehr feststellen – beispielsweise während der vorläufig
letzten Ausbruchsphase 1975 bis 1984 im Gebiet des Leirhnjúkur nordöstlich des Mývatn, unter Geologen als Krafla-Feuer bekannt.

Besucher müssen aber nicht fürchten, bei einem Besuch von den tem-
peramentvollen Machenschaften der Erde überrascht zu werden: Alle
vulkanischen Aktivitäten werden von Wissenschaftlern peinlich genau

*Links: Dampfende Solfataren im Hochtemperaturgebiet Leirhnjúkur – Rechts: Karl og
Kerling, der Alte und die Hexe, zwei Basaltfiguren der Hljóðaklettar im Jökulsá á Fjöllum*

beobachtet, und nur an wenigen Stellen der Welt sind die Frühwarnsysteme so ausgeklügelt wie hier.

Stattdessen sollte man sich entspannen – warmes Wasser dafür gibt es reichlich. Wem es in den beengten Heißwasserhöhlen Stóragjá und Grjótagja zu klaustrophobisch ist, der genießt den offenen Blick aus dem Jarðböðin við Mývatn, dem Naturbad am Mývatn, dem nördlichen Pendant zur berühmten Blauen Lagune – wer hier im Winter späte Öffnungszeiten nutzt, hat beste Chancen, beim Bad aus wohlig warmem Wasser heraus Nordlichter zu genießen.

Der Hufabdruck des Höllenpferds

Gut 35 Kilometer nordöstlich des Mývatn stehen im Jökulsárgljúfur-Nationalpark – seit 2008 Teil des Vatnajökull-Nationalparks, der sich von der Süd- bis zur Nordküste Islands erstreckt – jene Kräfte im Mittelpunkt, mit denen einer der mächtigsten Gletscherflüsse Islands Lavaströme und Basaltgesteine bearbeitet. Die Jökulsá á Fjöllum entwässert ein über 7000 Quadratkilometer großes Areal am Nordrand des Vatnajökull, und mit ihren Wassermassen hat sie Islands gewaltigsten Canyon in die Landschaft geschnitten: 25 Kilometer lang, an einigen Stellen 120 Meter tief und etwa 500 Meter breit. Überall an den Wänden des Grabens erkennt man Mosaike aus Basaltsäulen, -rosetten und -bögen. Höhepunkte ihrer Kunst präsentiert die Natur im Vesturdalur: Der Alte und die Hexe, zwei große Basaltfiguren, stellen sich den Fluten in den Weg und zwingen sie zu einem Schlenker. Nicht weit vom Westufer liegen wie ein Irrgarten die Hljóðaklettar, die Echofelsen. Vor langer Zeit hat die Jökulsá sie aus dem Gelände herausgearbeitet, hat das lockere Material fortgespült und schließlich eine fantasieanregende Welt aus Basaltskulpturen stehen gelassen: mächtige Burgen und Schlösser für Trolle und Dämonen, einen gewaltigen Phallus, skurrile Krötenköpfe, Mauerzinnen und geheimnisvolle Zauberhöhlen. Wo der Strom im Canyon

Links: Die kochenden Schlammtöpfe im Hochtemperaturgebiet Hverarönd –
Rechts: Im Gebiet der Krafla, dem zuletzt vulkanisch aktiven Teil der Mývatn-Region

alte Krater und Eruptionsspalten kreuzt, haben sich Wasserfälle gebildet. Drei der schönsten Islands reihen sich in kurzem Abstand wie Perlen auf einer Schnur: Hafragilsfoss, Selfoss und als Krönung der Dettifoss: Durch viele Tonnen mitgeführter Sedimente grau gefärbt, stürzen hier im Sommer im Durchschnitt fast 200 000 Liter Wasser pro Sekunde auf einer gut 100 Meter breiten Front 45 Meter in die Tiefe; viel Regen sowie Sonne über oder vulkanische Aktivitäten unter dem Vatnajökull können diese Massen anschwellen lassen auf eine halbe Million Liter. Das ist aber noch nichts gegen jenen postglazialen Megastrom, der nach Ansicht von Wissenschaftlern Gletscherläufe mit einer halben bis fast einer Million Kubikmeter Wasser pro Sekunde aufnehmen musste – ein Mehrfaches dessen, was heute den Amazonas hinabfließt. Dieser Strom modellierte auch Ásbyrgi, die hufeisenförmige Schlucht, in die er so lange hinunterdonnerte, bis ihn ein Erdbeben oder ein Vulkanausbruch weiter landeinwärts auf Abwege brachte. Ásbyrgi ist 3,5 Kilometer lang, zum Meer hin auf einer Breite von über einem Kilometer offen und innen von bis zu 100 Meter hohen, lotrechten Felswänden gesäumt. Mitten in

der Schlucht ragt wie ein überdimensionaler Schiffsbug der Felsen Eyjan mehr als 80 Meter auf. Einleuchtender als wissenschaftliche Theorien scheint die alte isländische Erklärung der Entstehung: Ásbyrgi ist ein Hufabdruck des achtbeinigen Höllenpferds Sleipnir, mit dem der nordische Göttervater Odin über seine Welt zu reiten pflegte.

Wege in den Osten

Während Ásbyrgi populäres Ziel isländischer Familien und Cliquen für Kurzferien ist und Dettifoss nebst Nachbarn und Jökulsárgljúfur Canyon eine Attraktion internationalen Formats bilden, ist das, was sich im Nordosten anschließt, ein Juwel isländischer Landschaftsvielfalt. Die flache Halbinsel Melrakkaslétta, »Ebene des Polarfuchses«, kommt am Leuchtturm Hraunhafnartangaviti dem Polarkreis so nah wie kein anderer Festlandsflecken – das garantiert Mitternachtssonnenerlebnisse.

Dass darin touristisches Potenzial liegt, dachten sich auch die Menschen im Nachbarort Raufarhöfn. Immerhin besaß ihr Dorf zur Zeit des Heringsbooms Anfang des 20. Jahrhunderts einen der wichtigsten Häfen

Islands. Heute leben hier nicht einmal mehr 200 Menschen, Tendenz sinkend. Um die Region attraktiver zu machen, baute man einen modernen »Tempel« für die Mitternachtssonne – das isländische Stonehenge. Die Macher um den Hotelier Erlingur ließen sich dafür vom bedeutendsten Gedicht der mittel-

alterlichen Lieder-Edda, »Völpulsá«, der Prophezeiung der Seherin, inspirieren und reicherten alles mit einem ordentlichen Schuss Esoterik an: Heimskautsgerðið heißt das Rund mit 52 Meter Durchmesser und einer acht Meter hohen Skulptur in der Mitte, deren Steinsäulen sich in der Spitze zueinander neigen und einen Kristall tragen, der die Sonne über alle Winkel der Anlage verteilt. Immer wenn etwas Geld da ist – seit dem Bankencrash 2008 fließt das sehr viel spärlicher in die abgelegene Region –, wird weitergebaut, und irgendwann ist dann auch das Zwergen-Rund fertig, ein Jahreszyklus, in dem 72 Zwergen-Steine jeweils fünf Tage des Jahres »bewachen«. So kann dann jeder Besucher seinen Geburtstagszwerg besuchen. Man darf davon halten, was man will, aber das 360 °-Panorama in einer klaren Mittsommernacht hier zu erleben, ist beeindruckend, und das Bemühen der Menschen, ihre Heimat attraktiver zu machen und damit Chancen zu schaffen, dort leben zu können, mindestens ebenso.

Die Vogelklippen von Langanes mit einer Basstölpelkolonie, der Lachsfluss Selá bei Vopnafjörður, wo Prinz Charles früher gern die Fliegen übers Wasser peitschte, und der Museumshof Minjasafnið á Burstafelli, ein mit viel Engagement erhaltenes Grassodengehöft, sind noch die Zugaben, die Entdeckungsfreudige bekommen, die auch diesen abgelegenen Teil Islands erkunden. Die meisten Rundreisenden wählen zwischen Mývatn und Egilsstaðir indes die Ringstraße und fahren Kilometer um Kilometer durch eine kaum bewohnte Landschaft ohne Baum und Strauch, deren Faszination in ihrer Monotonie liegt. Aber auch das ist ein Stück der isländischen Vielfalt.

Links: Hljóðaklettar, die Echofelsen, bilden eine Welt aus Basaltskulpturen. – Rechts: Über den Dettifoss stürzt die Jökulsá á Fjöllum 44 Meter in eine enge Schlucht hinunter.

Der Osten

Obwohl die Schönheiten der tief ins Land ragenden Ostfjorde schnell ins Auge springen, hat diese Küstenlandschaft immer noch ein gewisses Geheimtipp-Image. Einsame Fjorde und kleine Orte warten darauf, entdeckt zu werden, und die meisten Straßen, ob entlang der Küsten, über Bergpässe oder am Ufer des Sees Lögurinn, sind landschaftlich schöne Strecken mit atemberaubenden Ausblicken.

Oben: Aus der Lavawüste Ódáðahraun erhebt sich im Nordosten des Landes der 1682 Meter hohe Herðubreið, der Breitschultrige – ein geradezu perfekt geformter Tafelvulkan, entstanden unter Gletschermassen der letzten Eiszeit. – Mitte: Möðrudalur ist eine Oase in weiter Einsamkeit mit Bergcafé und Ferienwohnungen im traditionellen Baustil. – Unten: Der Leuchtturm von Vattarnes leuchtet in idyllischer Umgebung

Der Osten

Mehr als ein Transit: die Ostfjorde

Möðrudalur – Herðubreið – Húsey – Seyðisfjörður – Egilsstaðir – Lögurinn – Mjóifjörður – Reyðarfjörður – Fáskrúðsfjörður – Stöðvarfjörður – Berufjörður

Islands Osten überzeugt ohne Sensationen: Hier darf die Seele baumeln, der Geist zur Ruhe kommen. Als Kontrast zu den Fjorden mit ihren grünen Hängen durchquert die Ringstraße ab

dem Mývatn erst einmal einsames, vegetationsarmes Bergland, dem Landesinneren so ähnlich, dass man hier einen guten Eindruck vom Hochland bekommt, ohne dieses direkt anzusteuern.

Schöne Einsamkeiten

Wie eine Grenzstation zwischen Norden und Osten lag jahrzehntelang der Hof Möðrudalur direkt an der Ringstraße, einer der einsamsten im Lande – 40 bis 60 Kilometer durch schwarz-graue Wüsten von den nächsten Höfen gen Westen, Norden oder Osten getrennt, nach Süden überhaupt keine Nachbarn, die nächste »Stadt« Vopnafjörður gut 80 Kilometer entfernt.

Um sich sonntags lange Wege zur Kirche zu sparen, baute in den 1940er-Jahren der Bauer Jón Stefánsson für sich und seine Familie sogar eine eigene Kirche. Bei aller Einsamkeit: Die Aussicht ist unbeschreiblich. Darum stellte der Bauer auch einen Kiosk mit Kaffeeausschank an die Straße, und kaum ein Reisender machte nicht Halt am Fjallakaffi, dem Bergcafé. Daran änderte sich wenig, als das Straßenbauamt dem Hof die Ringstraße nahm und sie weit nach Norden verlegte: Viele nehmen heute den Abstecher in Kauf oder nutzen gleich die alte Trasse; sie ist holpriger,

Links: Unterhalb des Hengifoss fließt der Fluss über den Litlanesfoss. –
Rechts: Im Nordosten des Landes erhebt sich der 1682 Meter hohe Herðubreið.

aber spektakulärer und kürzer. Auf den harten Holzbänken hinter dem Fjallakaffi kann man sich dann etwa mit isländischer Lammfleischsuppe stärken und dabei das atemberaubende Hochlandpanorama goutieren, aus dem markant der Herðubreið aufragt. Die »Königin der isländischen Berge« ist ein perfekt geformter Tafelvulkan, entstanden in der letzten Eiszeit.

Ein anderer einsamer, aber liebenswerter Ort im Osten ist Húsey, der abgelegenste Hof auf der Landzunge Hróarstunga zwischen den großen Strömen Jökulsá á Brú und Lagarfljót. Mit Wiesen, Weiden, Fluss- und Meeresufern ist Húsey ein Naturparadies. Rund 30 Vogelarten brüten auf dem Land, vor allem Wat- und Meeresvögel, Robben ziehen an den Ufern Junge groß. Ganz typisch für Island stehen auf dem Hof zwei Generationen von Wohngebäuden nah beieinander, doch Bauer Örn hat das alte nicht verfallen lassen, sondern renoviert und zu einem einfachen, charmanten Gasthaus umgebaut. Lange Spaziergänge, anspruchsvolle Wanderungen, ruhige Ausritte zu Seehundbänken und Staunen über die Vogelwelt oder eine kleine Herde Rentiere – das ist Wellness für die Seele,

ganz ohne Anwendungsplan. Wer hier Quartier nimmt, lebt im Rhythmus der Natur. Und er lässt sich gern auf das entschleunigte Leben ein, davon ist Örn überzeugt. Wer einen Abstecher von gut 30 Kilometern zum Ende der Welt macht, will kaum etwas anderes.

Das isländische »Nessie«

Für all jene, die mit der Fähre von Dänemark über die Färöer-Inseln anreisen, sind die Ostfjorde das Tor nach Island. Sie kommen im schmucken 650-Einwohner-Städtchen Seyðisfjörður an, das um die Wende vom 19. ins 20. Jahrhundert einen Heringsboom erlebte. Norwegische Händler und Investoren bauten viele der Häuser, die für die Fährpassagiere den ersten und letzten Island-Eindruck prägen.

Einen Bergpass weiter sorgt Egilsstaðir für ein modernes Bild. Mit knapp über 2700 Einwohnern ist die Kleinstadt schon die »Metropole« des Ostens und immerhin Islands drittgrößte Stadt im Binnenland ohne eigenen Meereshafen. Trotzdem kann man hier eine Seereise machen: Egilsstaðir liegt am Lögurinn, See und Gletscherstrom zugleich – als Letzterer trägt er den Namen Lagarfljót. Tuckert man mit dem Ausflugsdampfer über das Wasser, sollte man die Oberfläche beobachten: Kräuselt sie sich ungewöhnlich? Tauchen da ein großer Kopf oder ein langer Rücken auf? Der Monsterwurm Lagarfljótsormur lebt im milchigen Wasser ähnlich geheimnisvoll wie sein Vetter im Loch Ness.

Am Ostufer des Lögurinn, eine halbe Autostunde südlich von Egilsstaðir, liegt Hallormsstaður, Islands größter Forst und eines der beliebtesten Ferienziele für isländische Familien. Hier testet man seit 1903 ausländische Baumarten auf »Island-Tauglichkeit«, und hier wächst immer noch jene russische Lärche, die als erster Baum im Land mehr als 20 Meter hoch wurde.

Links: Eine der einsamsten Straßen im Osten Islands führt von der Ringstraße über den Pass Mjóafjarðarheiði. – Rechts: Möðrudalur ist eine Oase in weiter Einsamkeit.

Weiter Richtung Hochland wird der Lögurinn immer weniger See und mehr Fluss. Über dem Westufer fällt ein ungewöhnliches Gebäude ins Auge, das Kultur- und Kunstzentrum Skriðuklaustur. Auf dem Gelände, auf dem im Mittelalter ein Kloster stand, ließ sich der Schriftsteller Gunnar Gunnarsson 1939 nach Plänen des damaligen deutschen Stararchitekten Fritz Höger (u.a. Chilehaus in Hamburg) ein Anwesen bauen.

In den Berghängen oberhalb Skriðuklaustur surrt in einem unterirdischen Turbinensaal das Herzstück des Kárahnjúkar-Kraftwerks: Durch die sechs Turbinen schießt das Wasser zweier Flüsse. Große Wassermengen der Jökulsá á Dal jedoch landen auf diesem Weg im Lagarfljót, und dessen Pegel ist stärker gestiegen als von den Kraftwerksplanern prognostiziert – Überschwemmungen und Landerosion entlang des Flusslaufs bis hinunter zum Meer sind die Folge.

Der schmale Fjord

Der Mjóifjörður, der »schmale Fjord« gleich südlich des Seyðisfjörður mit dem Fährhafen, ist ein weiterer Hort der Einsamkeit. Um die Wende vom 19. zum 20. Jahrhundert war das anders, da lebten mehr als 700 Menschen an seinen Ufern auf Höfen und in zwei Walfangstationen, und sie waren überhaupt nicht isoliert: Hier wurde eines der ersten Telefone des Landes installiert und eines der ersten isländischen Kühlhäuser gebaut.

Damals hieß die Devise »Meer verbindet, Land trennt«: Schiffe waren die wichtigsten Verkehrsmittel und fanden in dem engen, geschützten Fjord perfekte Bedingungen. Heute leben am Mjóifjörður nur noch etwa 25 Einwohner. Aber selbst in diesem abgelegene Flecken bietet ein kleines Gästehaus Zimmer an. Der beschwerliche Weg lohnt aber kaum für einen schnellen Blick – der Anschluss an die Ringstraße wirkt eher wie

Links: Ob es heute Forellen gibt? Örn, Bauer von Húsey, kontrolliert die Netze. – Rechts: Seyðisfjörður ist geprägt von seinen Häusern aus der Jahrhundertwende.

ein Hindernis denn wie eine Errungenschaft: Die abenteuerliche Serpentinenpiste schraubt sich über einen 600 Meter hohen Pass. Warum sollte man das auf sich nehmen? Vielleicht, um die wunderbare Ruhe am Mjóifjörður zu genießen; um an einem der Bergbäche den Tag zu vertrödeln, namenlose Wasserfälle zu zählen, verborgene Schönheiten zu entdecken; um sich im Spätsommer an den Blaubeeren zu laben, die hier überall wachsen. Oder um auf noch abenteuerlicherer Piste den östlichsten bewohnten Flecken Islands zu besuchen, den Leuchtturm Dalatangi mit seinem oranggelben Hauptgebäude. Ein Leuchtturmwärter und seine Familie wohnen dort rund ums Jahr. Die Daten der hiesigen Wetterstation fließen täglich auch in die Vorhersagen in Deutschland ein.

Die südlichen Ostfjorde

An den Fjorden weiter südlich leben deutlich mehr Menschen als am Mjóifjörður. In Reyðarfjörður hat die Aluminiumhütte Hunderte Arbeitsplätze geschaffen, was der Landflucht entgegenwirkt und auch

Djúpivogur kann den südlichsten Hafen der Ostfjorde sein Eigen nennen.

Oben: Der Leuchtturm von Vattarnes in idyllischer Umgebung. – Unten:
Am Berufjörður im Osten Islands – Rechts: Boot im Fischereimuseum von Eskifjörður

die Nachbarorte Eskifjörður und Neskaupstaður profitieren lässt; alle haben jeweils etwas mehr als 1000 Einwohner. Kleiner sind Buðir am Fáskrúðsfjörður, von wo aus im 19. Jahrhundert französische Fischer auf Heringsfang gingen, und Stöðvarfjörður, wo das Steinasafn Petru, die eigen-

händig zusammengetragene Stein- und Mineraliensammlung der 2012 verstorbenen Petra Sveinsdóttir, Besucher aus aller Welt anzieht.

Landschaftlicher Höhepunkt dieser Gegend ist der von zerklüfteten Berggipfeln gesäumte Berufjörður. Südlich seiner Öffnung zum Meer, zu Füßen der knapp über 1000 Meter hohen Bergpyramide Búlandstindur, markiert auf einer Landzunge das Fischerdorf Djúpivogur die Änderung der Küstenlandschaft: Hier beginnt die für Südisland typische Ausgleichsküste. Die Meeresarme heißen zwar noch »-fjörður«, sind aber mehr oder minder Haffs, wie man sie von den Küsten des Baltikums oder aus Westdänemark kennt. Hier lässt der Vatnajökull grüßen: Seine Eismassen hobeln ständig Material vom Untergrund ab, Gletscherflüsse transportieren es zum Meer und Strömungen formen daraus Nehrungen, die wie Barrieren vor Fjorden und Buchten liegen und Schiffsverkehr unmöglich machen.

Eine Ausnahme stellt Höfn í Hornafirði dar, mit fast 1700 Einwohnern der größte Ort entlang der Ringstraße auf den fast 600 Kilometern zwischen Egilsstaðir und Selfoss. Hier ist die Fjordküste wirklich zu Ende. Der alte Ortskern liegt auf einer Landzunge, die sich in ein Haff hineinschiebt. Vor dem Ort bildet eine Öffnung zwischen der östlichen und der westlichen Nehrung eine von gefährlichen Strömungen geplagte Passage zum offenen Meer – Lebensnerv für Islands einzigen Festlandshafen entlang der Südküste bis Þorlákshöfn, kurz vor Reykjavík. Vom modernen, südlich des Ortes auf einer flachen Landzunge aufragenden Seemannsdenkmal lässt sich diese Durchfahrt gut beobachten – leider betrachten aggressive Küstenseeschwalben die Wiesen um das Denkmal als ihr Revier. Höfn ist außerdem östliches Tor zur Eiswelt des Vatnajökull. Im historischen Gamlabúð am Hafen informiert ein Nationalpark-Besucherzentrum über die Eiswelt, die man bei klarem Wetter im Westen längst blinken sieht.

Der Süden

Der Vatnajökull mit einer Eismasse größer als die aller Alpen-gletscher zusammen ist auch global betrachtet ein Fünf-Sterne-Highlight. Aber Eis bestimmt nicht allein das Gesicht Südislands. Gewaltige Flüsse brechen unter ihm hervor und lagern all den Schutt, den Sand und das Geröll, vom Eis aus den Gebirgen gekratzt, zu gigantischen Sanderflächen ab, die die Küstenlinie immer weiter von den Bergen wegschieben. Quer durch den Süden stellt sich eine vulkanisch hochaktive Zone den Eisgebirgen als Kontrast entgegen; von den vorgela-gerten Westmänner-Inseln bis weit nach Nordosten unter die Eiskappe des Vatnajökull zeigt sie ihre feurigen »Exponate« wie die rund hundert Laki-Krater oder die weltgrößte Eruptions-spalte Eldgjá. Island würdigt die Einzigartigkeit dieser Land-schaften mit dem über 9500 Quadratkilometer großen Katla-Geopark – das ist fast ein Zehntel der isländischen Landfläche. Dazu gehören auch Sekundärfolgen des Vulkanismus, Wasser-fälle wie der Skógafoss mit seiner mächtigen Wasserwand oder der Seljalandsfoss, den man geradezu hintergehen kann, oder Vogelklippen und Felsentore, die das Meer aus Lavagestein modelliert hat – fast schon zu viele Eindrücke für eine Reise.

Der Süden

Wo Island in den Atlantik wächst

Höfn – Vatnajökull – Skaftafell – Skeiðarársandur – Bárðarbunga – Mýrdalsjökull – Katla – Mýrdalssandur – Vestmannaeyjar

»Unter dem tiefen Gewölk ist das Meer schwarz mit wechselnden Flecken von Queck-silber, eine Stunde lang erscheint es blau wie das Mittelmeer, um Mitternacht wie Perl-mutter. Es gibt Vulkane, die von Gletschern überdeckt sind, Hekla, der einzige Vulkan, der zurzeit raucht. Ein anderer Vulkan, ein neuer, ist im Meer entstanden, eine Insel aus Asche und Basalt.« (Max Frisch)

Erreicht man auf einer Rundreise via Nord- und Ostisland bei Höfn die Südküste, verändert sich das Bild schlagartig. Nirgendwo besser als hier kann man beobachten, wie das Eis der Gletscher das Land formt.

8100 Quadratkilometer Fläche bedeckt der Vatnajökull, etwa 600 Quadratkilometer der Mýrdalsjökull, und Experten schätzen, dass beide Gletscher das Grundgestein unter sich bis zu einen halben Zentimeter jährlich abschleifen. Da kommen schon in normalen Jahren – Vulkanausbrüche unter dem Eis nicht einmal mitgerechnet – beim Vatnajökull 30 bis 40 Millionen und beim Mýrdalsjökull immer noch weit über drei Millionen Kubikmeter Sand und Schotter zusammen. So verliert Island zwar immer etwas an Höhe, wächst dafür aber in die Breite. Meeresströmungen haben mit diesem lockeren Material dann leichtes Spiel und gleichen die Küste damit zu einem weiten, sanft geschwungenen Uferband aus. So wie es heute aussieht, hat sich Island aber längst nicht immer den Atlantikwellen entgegengestellt. Die Sander schoben sich vor die alte Küstenlinie, und so wurden Klippen und Kliffs, an denen deutlich Brandungsspuren zu sehen sind, bis zu 25 Kilometer ins Landesinnere versetzt. Sogar Inseln haben die Sander »eingefangen« und landfest gemacht,

Links: Auf Schneeschuhen durch den isländischen Frühling – Rechts: Islands aktivster Vulkan Hekla galt lange als Tor zur Hölle, aus dem die Schreie der Sünder drangen.

wie Hjörleifshöfði und Hafursey im Mýrdalssandur oder Dyrhólaey, Islands Südkap mit dem markanten Felsentor bei Vík í Mýrdal.

Eisige Begegnungen

Höfn ist nicht nur der letzte Fischereihafen auf mehreren Hundert Kilometern entlang der Südküste, sondern auch Gateway des modernen Gletschertourismus am Vatnajökull. Dessen gewaltige Eismassen bestimmen auf einem langen Abschnitt der Ringstraße – und das ist auf vielen Kilometern die einzige Straße überhaupt, die im Süden von Ost nach West führt – das Landschaftspanorama.

Vielleicht sind einige Methoden, dem Eis zu Leibe zu rücken, des Guten schon zu viel, so zum Beispiel, wenn eine Kolonne hochgerüsteter Super-Jeeps die Teilnehmer einer Incentive-Tour auf das Gletscherplateau karrt, wo an ins Eis geschlagenen Tischen und Bänken ein Seafood-buffet mit frischem Hummer und Champagnerumtrunk auf sie wartet. Doch schon der Besuch mit einer »normalen« Jeep- oder Geländebustour über die aberwitzige Piste von der Ringstraße am Meer zur 840 Meter

hoch gelegenen Berghütte »Jöklasel« hinauf ist ein Erlebnis fürs Leben. Die Hütte steht auf einem kleinen Grat, und der Blick von dort über die Küstenlandschaft Richtung Höfn und auf den Atlantik hinaus bietet eine Aussicht, für die man sonst ins Flugzeug steigen muss. Auf der anderen Seite beginnt die große weiße Weite des Vatnajökull. Wen es reizt: Motorschlitten und Schneemobile stehen für einen Erlebnistrip bereit.

Wer nicht auf den Gletscher hinaufwill, muss nicht auf Tuchfühlung zum Eis verzichten, es greift fast nach der Ringstraße: Vor der grandiosen Kulisse des Breiðamerkurjökull bildet ein See voller weißer, blauer, blaugrüner und sogar schwarzer Eisberge eine arktische Wunderwelt, eingebettet in die karge Moränenlandschaft, die der Gletscher bei seinem langsamen Rückzug im Laufe der letzten 100 Jahre freigegeben hat – Ende des 19. Jahrhunderts reichte er noch bis zum Meer.

All die Gletscherzungen, die vom Zentralen Plateau hinabfließen, und all die Nunatakker, die zackigen Berge, die mitten aus dem Eis schießen, überragt Islands höchster Gipfel, der 2119 Meter hohe Hvannadalshnúkur im südlichsten Ausläufer des Vatnajökull, dem Öræfajökull. Unter seinem Eis verbirgt sich Islands größter Zentralvulkan. Schon zweimal in historischer Zeit verwüstete der die Region, machte sie lange unbewohnbar: Nicht von ungefähr heißt sie Öraefi-Wüste.

Wüste wäre auch die passende Bezeichnung für jene Landschaft, die sich westlich von Skaftafell, der einzigen grünen Oase in dieser schwarz-weißen Welt, ausbreitet: Der Skeiðarársandur vor der breiten Front des Skeiðarárjökull: Die gewaltige grauschwarze, von Gletscherflüssen immer wieder neu strukturierte Ebene erwies sich bis ins 20. Jahrhundert als das am schwersten auf dem Landweg zu überwindende Stück Islands. So führte bis 1974 die Straßenverbindung von Höfn nach Reykjavík über Akureyri, dann erst konnte die Ringstraße über den Skeiðarársandur voll-

Links: Landwirtschaft lässt sich im Süden Islands gut betreiben, selbst zu Füßen der Gletscher. – Rechts: Der Wasserfall Svartifoss vor seiner »Basaltorgel«

endet werden, rechtzeitig zur 1100-Jahr-Feier der Besiedlung Islands. Dort, wo die Straße den Sander quert, ist er knapp 30 und am Meer über 60 Kilometer breit.

Wenn es dem Eis heiß wird

Unter der Welt aus Eis verbirgt sich ein anderes Element, das Island immer wieder in die Schlagzeilen bringt, das Feuer. Der letzte ganz große Ausbruch unter dem Vatnajökull kündigte sich am 29. September 1996 durch Erdstöße an: Nach drei Tagen hatte sich die Hitze über dem Krater des Bárðarbunga durch das 600 Meter dicke Eis gefressen, nach Tagen klaffte ein mehr als drei Kilometer langer und bis zu 500 Meter breiter Canyon im Eis und ein blitzdurchzuckter Mix aus Asche und Dampf schoss kilometerhoch in den Himmel. Etwa 3,2 Kubikkilometer Eis schmolzen; genug Wasser, um alle 80 Millionen Deutsche ein Dreivierteljahr lang zu versorgen. Bis zum 5. November blieb das Wasser unter dem Gletscher – Experten wissen dort von einem gigantischen Wasserreservoir unter dem Eis, dann schoss es mit lautem Getöse ans Tageslicht, hob die 15 Kilometer breite Gletscherzunge Skeiðarárjökull an, sprengte hausgroße Eisberge heraus und riss sie mit Richtung Meer. Binnen Stunden stiegen die Wassermassen von durchschnittlich 70 auf rund 45000 Kubikmeter pro Sekunde – ein »Gletscherlauf«.

Kein Baum, kein Strauch stellt sich diesen Gewalten in den Weg. Die Natur weiß, dass es keinen Sinn hat, hier Kräfte zu investieren. Anders der Mensch: Die Strom- und Telefonleitungen zwischen Süd- und Ostisland wurden binnen Minuten weggerissen. Die Straßenbrücken und -dämme, die 22 Jahre zuvor die letzte Lücke der Ringstraße schlossen, trotzten den Wassermassen, in denen Eisbrocken wie Rammböcke wirkten, ganze 15 Minuten – dann wurden auch sie weggerissen. Aber nicht einmal einen Monat nach der Katastrophe rollte der Verkehr auf Behelfsbrücken und -dämmen wieder über den Skeiðarársandur und seine vielen Flussarme. Aus bizarr verdrehten Stahlträgern einer wegge-

Link: Wandern auf dem Svínafellsjökull – Rechts: Nahe des Vatnajökulsþjóðgarður

rissenen Brücke entstand eine mahnende Skulptur, dort wo man von Osten kommend in den Sander hineinfährt: Pass auf, Mensch, hier bist du klein und dein Werk ist zerbrechlich.

Hexe und Hölle

Kaum liegt der Vatnajökull im Rücken, steht breit und mit einer leuchtend weißen Kappe der Mýrdalsjökull am Horizont. Ohne ihn wird in der Region keine Rechnung gemacht, denn unter seinem Eis hält Katla, die Hexe, ein Nickerchen. Seit Menschengedenken wachte der Vulkan 16-mal auf – zurzeit ist sie mehr als überfällig. Der letzte große Ausbruch war 1918, ein kleinerer trug sich 1955 zu. Wird Katla munter, löst sie verheerende Gletscherläufe aus, am wahrscheinlichsten auf dem flachen Mýrdalssandur, über den die Ringstraße ebenfalls verläuft. Damit in so einem Ernstfall nicht der ganze Ost-West-Verkehr zum Erliegen kommt, gelten die seit dem Mittelalter bekannten »Wege hinter den Bergen« – Fjallabak Syðra und Fjallabak nyrðra – als Behelfspisten nördlich um den Gletscher herum.

Dass ein Ernstfall nicht von der ultimativen Eruption abhängig sein muss, zeigte sich im Juli 2011, als nahe Vík í Mýrdal eine fast 150 Meter lange Ringstraßenbrücke über den Gletscherfluss Múlakvísl ohne erkennbaren Ausbruch weggerissen wurde. Das hochmoderne Frühwarnsystem, das die Wasserstände im Fluss überwacht, funktio-

nierte perfekt, eine Stunde, bevor die gerade 20 Jahre alte Brücke in den Fluten verschwand, wurde sie unaufgeregt gesperrt. Für Geländewagen gab es Umleitungen »hinter den Bergen«, und sobald sicher war, dass keine neuen Gletscherläufe zu erwarten waren, nahmen Lkws einen Pendelverkehr durch den Fluss auf, jeweils vier normale Autos Huckepack. Sieben Tage nach dem Gletscherlauf war die erste Behelfsbrücke fertig. Ein großer Ausbruch der Katla, da sind sich Islands Geologen einig, wird nicht nur ein paar Geländewagen auf eine holperige Umleitung zwingen, er wird die Wirtschaft Europas und der gesamten nördlichen Hemisphäre erschüttern und den Lufttransport nachhaltig bremsen. Viele Isländer konnten das überraschte Erstaunen der Welt nicht nachvollziehen, als die Asche des so schwer auszusprechenden Eyjafjallajökull wochenlang den Flugverkehr in Europa und über dem Nordatlantik lahmlegte und wirtschaftliche Schäden in Milliardenhöhe hinterließ, weil unsere moderne Wirtschaft auf reibungslose Transporte angewiesen ist. Isländer wissen: Der Ausbruch ihres kleinen Eyjafjallajökull 2010 ist »Kinderkram« gegenüber dem Potenzial eines großen Ausbruchs der Katla, ein Aschewölkchen gegenüber einem Aschesturm. Immer wieder in historischen Aufzeichnungen werden Ascheniederschläge in Skandinavien von Norwegen bis Finnland mit Ausbrüchen der Katla und oder der Lakagígar in Verbindung gebracht. Nur fanden sie alle statt, als noch Segel- oder allenfalls erste Dampfschiffe die Meere kreuzten. Heute verlaufen sogar die wichtigsten Flugrouten über den Nordatlantik, Adern unseres modernen, globalen Lebens, direkt über Islands Vulkanen.

Links: Wie ein Kunstwerk: Berghänge am Rande der Pisten hinter den Bergen –
Rechts: Am Laugavegur: brodelnde Solfataren, dampfende Fumarolen

Eis ist nicht gleich Eis und vor allem nicht immer weiß! Vulkanasche, oft von Ausbrüchen vor Jahrhunderten, macht es schwarz. Schmilzt das Eis, konzentriert sich die Asche zu schwarzen Flächen. Und je älter und gepresster es ist, desto blauer leuchtet es.

Höllenqualen und Wellness

Die Hexe sitzt nicht zufällig unter dem Eis. Sie gehört ebenso zu der vulkanisch hochaktiven Zone, die sich von den Westmänner-Inseln bis unter die Eiskappe des Vatnajökull zieht, wie die Feuerspalte Eldgjá, die größte Eruptionsspalte der Erde, und parallel dazu die mehr als 100 Laki-Krater, die sich auf einer Länge von 25 Kilometern wie auf einer Schnur aufreihen. Ihr katastrophaler Ausbruch 1783/84 hätte fast die Evakuierung der gesamten isländischen Bevölkerung zur Folge gehabt, denn außer der größten in historischer Zeit auf Island entstandenen Lavafläche von 550 Quadratkilometern produzierten die Lakagígar große Mengen giftiger Aschen und Gase.

Zu Islands aktiver Feuerzone gehört auch der bekannteste Zentralvulkan der Insel, die 1491 Meter hohe Hekla. Über ihren Rücken verläuft eine fünf Kilometer lange Vulkanspalte, aus der zuletzt im Jahr 2000 Lava floss. Seit 2011 wird ein »Aufblähen« der lückenlos überwachten Hekla registriert, das auch vor früheren Eruptionen beobachtet wurde: Der Berg wächst, weil sich unter ihm eine Magmakammer füllt. Die Hekla wird schon in frühesten Reisebeschreibungen europäischer Besucher als »Tor zur Hölle« bezeichnet, aus dem die Schreie der Sünder schollen.

Statt in dieser Hölle zu schmoren und zu schreien, liegt man heutzutage lieber in angenehm temperiertem Wasser und staunt über das Land und seine Phänomene wie in der archaischen Wellnessoase Landmannalaugar: Ein flacher, von warmen Quellen gespeister Badebach schlängelt sich vor dem Rand eines schwarzen Obsidian-Lavafeldes entlang, das Ganze umgeben von einer grün-gelb-rot-bunten Rhyolith-Welt. In dieser einzigartigen Landschaft östlich der Hekla beginnt Islands populärster Trekking-Trail, der in vier Tagesetappen nach Süden führt, hinein in die geschützte Waldoase Þórsmörk. Dort wirkt die Kulisse drohend, beinahe erschlagend: Mýrdalsjökull, Eyjafjallajökull und Tindfjallajökull – alle

Rechts: Die angenehmen Seiten des Vulkanismus: der heiße Badebach in Landmannalaugar … – Links: … und die populäre Berghütte nur 100 Meter entfernt

um 1500 Meter hoch – schnüren den Staatsforst mit seinem Birkenwäld-
chen von drei Seiten ein und schützen ihn vor den Unbilden der nur
wenige Kilometer entfernten sturmumtosten, regenreichen Küste. Da
der Wald zudem noch Flankenschutz von verzweigten, für Mensch und
Tier schwer zu überwindenden Gletscherflüssen bekommt, wächst hier
überaus üppig, was andernorts der Gefräßigkeit der Schafe anheimfällt.
All diese Gletscherflüsse vereinen sich zum Strom Markarfljót. Auch er
schleppt Sand und Schotter zum Meer und lagert das Material dort ab.
So wächst das Land langsam aber stetig weiter nach Süden, als wollte es
die Inseln, die dort aus dem Meer aufragen, einfangen: Vestmannaeyjar,
die Westmänner-Inseln, gerade einmal acht Kilometer vor dem Festland.

Vogelfelsen mit bunten Clowns

Millionen Seevögel bewohnen die Klippen und Berghänge der Westmänner-Inseln. Am bekanntesten sind die Papageitaucher, die Clowns mit
dem traurigen Blick. Wenn im August und September die Jungvögel
flügge werden, flattern sie nachts wie Motten oder Maikäfer auf die Lich-

Oben: Bei einem Ausbruch 1973 entstand der Eldfell … – Unten: … der Hafen konnte gerettet werden. – Rechts: Kinder helfen jungen Papageitauchern ins Meer.

ter der Stadt zu. Die ersten Begegnungen mit der
modernen Zivilisation lässt viele von ihnen unsanft
auf Straßen und in Gärten plumpsen. Das ist die
Zeit, in der die Kinder von Heimaey nächtelang
mit Pappkartons unterwegs sind, um die Vögel ein-
zusammeln, die verletzten aufzupäppeln und alle

so bald wie möglich wieder in die Freiheit zu entlassen. Vielleicht sind
darunter auch Jungen und Mädchen, die die Papageitaucher ein paar
Jahre später dann mit großen Keschern einfangen, ihnen die Hände um
den Hals legen und einmal kräftig drehen. Gerade auf den Westmänner-
Inseln ist Seevogelfang noch populär. Papageitaucher mir ihrem festen,
aber zarten und an Wild erinnernden Fleisch sind eine Delikatesse der
Insel, ebenso wie die anderen »svartfugl« der Vogelfelsen, also die Seevögel mit schwarzem Gefieder wie Lummen, Gryllteiste und Tordalke.
Eine weitere Spezialität sind Seevogeleier, meist die vom Eissturmvogel.
Um sie aus den Nestern zu rauben, seilen sich die Westmänner von oben
in die Klippen ab und schwingen am Seil hängend von Nest zu Nest.
Zwar wird dieser Weg, sich aus den Ressourcen der Natur zu bedienen,
nur noch selten zur Nahrungsbeschaffung betrieben, aber das Seilschwin-
gen haben die Insulaner längst zum Sport kultiviert.

Explosive Inselgruppe

Da Häfen durch die Sanderbildung an der Südküste Mangelware sind,
die besten Fischgründe aber vor dieser Küste liegen, kommt den Westmänner-Inseln eine immense Bedeutung zu: Die Anfang 2016 dort
lebenden 4300 Menschen – etwa 1,3 Prozent aller Isländer – sorgen für
gut zehn Prozent des Exports ihres Heimatlandes. Eigentlich ein kleines
Wunder: In der Nacht auf den 23. Januar 1973 rissen Erdstöße, lauter
Donner und Augenblicke später ein Feuerschein die Bewohner von
Heimaey aus den Betten. In knapp 300 Meter Entfernung vom Ostrand
der einzigen Inselstadt riss eine Spalte von mehreren Hundert Metern
auf, und es schossen Lavafontänen in den Himmel – der Vulkan Eldfell,
der Feuerberg, hatte sein zerstörerisches Werk begonnen. Bis er am 3. Juli
1973 erlosch, walzten seine Lavamassen 400 Häuser nieder, und der Rest
der Stadt versank unter meterhohen Ascheschichten. Die Bewohner

selbst kamen mit dem Schrecken davon: Ein Sturm hatte am Vortag die heimische Fangflotte, die damals größte Islands, am Auslaufen gehindert, und mit ihr verließen noch in der Nacht fast alle Menschen die Insel. Bald kamen Freiwillige zurück, bargen Mobiliar, Autos und schließlich sogar die Maschinen aus den Fischfabriken. Sie befreiten Dächer von zu großer Aschelast und verbarrikadierten Türen und Fenster gegen die verheerenden Lavabomben, die immer wieder Häuser in Flammen aufgehen ließen. Und sie schafften es allen Unkenrufen der Experten zum Trotz, einen Lavastrom, der die Einfahrt in den lebenswichtigen Hafen zu verschließen drohte, zu stoppen. Mit allem, was an Pumpen zu beschaffen war, spritzten sie kaltes Meerwasser auf die vorrückende Glut. Das Resultat: Die Hafeneinfahrt ist zwar enger, aber besser geschützt als vorher. Der Ausbruch von Heimaey war der vorläufig letzte einer langen Reihe, ohne die es die 15 Inseln und rund 30 Schären der Westmänner-Gruppe überhaupt nicht gäbe. Sie alle sind maximal 20 000 Jahre alt, nach erdgeschichtlichen Maßstäben Kleinkinder, und zeugen davon, dass die vulkanisch hochaktive Zone Südislands nicht auf dem Festland endet, sondern sich auf dem Meeresgrund fortsetzt. Für die Menschen auf Heimaey heißt das, sie führen ein Leben auf dem Vulkan mit dem Risiko, eines Tages wieder neben einem Feuerberg aufzuwachen und den Vorteilen, die geothermischen Energien des Untergrundes nutzen zu können. Etwas Beruhigendes gibt es aber: Die Vulkane ihrer Inseln sind erfahrungsgemäß nur einmal aktiv. Eldfell wird sie wohl nie wieder in Angst und Schrecken versetzen und soll jetzt begrünt werden. Außerdem vermarkten sie die Katastrophe und ihre Folgen geschickt: Pompeji des Nordens heißt das Projekt, bei dem 1973 verschüttete Häuser ausgegraben und zur Besichtigung freigegeben werden.

Während Heimaey aus mehreren Vulkanen zusammenwuchs, entstanden andere Inseln des Archipels bei jeweils einem einzelnen Ausbruch. Wie

Links: Die Asche des Eldfell verschüttete zwei Drittel des Friedhofs. – Rechts: Hinter der grasbewachsenen Vulkaninsel Elliðaey erhebt sich der Vulkan Eyjafjallajökull.

das abläuft, konnte die Welt 1963 bei der Geburt des jüngsten West-männer-Kindes erleben: Als neuer südlichster Außenposten – und damit auch für eine kleine Verschiebung der Fischereischutzzone zu Islands Gunsten verantwortlich – tauchte Surtsey, begleitet von Blitz, Donner, Rauch und Dampf, aus den Fluten des Atlantiks auf. Bei dem Geburts-szenario verwundert der Name nicht: Surtsey ist die Insel des Surtr, des Feuerriesen der nordischen Mythologie, der nach altisländischer Glau-bensauslegung die Feuermächte der Unterwelt – sprich den Vulkanis-mus – regiert. Nach dreieinhalb aktiven Jahren ragten schließlich gut zweieinhalb Quadratkilometer Neuland aus dem Wasser, die inzwischen aber etwas geschrumpft sind. Bis heute haben nur Wissenschaftler Zu-gang, die beobachten dürfen, wie die Natur trotz der isolierten Lage von der Insel Besitz ergreift. Natürlich brüten hier Seevögel, Zugvögel und Robben schauen regelmäßig vorbei. Aber auch etwa drei Dutzend Pflan-zenarten haben schon den Sprung über die etwa 18 Kilometer von Heimaey bzw. 33 Kilometer vom Festland geschafft – die meisten wohl als Samen von Vögeln importiert.

Das Hochland

Reißende Flüsse müssen überquert werden, Pisten reduzieren sich auf kaum erkennbare Spuren im Gelände, dicke Stollenreifen bulliger 4WD-Wagen graben sich tief im Schwemmsand fest, Schneestürme zerfetzen Zelte: Islands unbesiedeltes Landesinnere, das Hochland, lockt noch immer mit einem gehörigen Schuss Abenteuer. Aber es gibt auch Pisten für alle Fahrzeuge, solide Hütten von ganz einfach bis recht komfortabel, heiße Bäder und überall faszinierende Landschaften.

Oben: Grüße aus dem Hochland: Wanderer auf einem Schlackenkegel im Askja-Massiv nahe der Dreki-Hütti – Mitte: Paradies in der Ödnis: die Wanderhütte von Hveravellir im Licht der Herbstsonne – Unten: Ein Paradies für Trekking-Fans bildet das Kerlingarfjöll-Massiv abseits der Mainstream-Wege.

Das Hochland

Europas letztes Abenteuerland?

Kjalvegur – Herðubreiðarlindir – Víti – Kverkfjöll – Hveravellir

»Über dem Hochland liegen die Wolken niedrig und streifen die Gletscher, so dass sie grau werden, und Himmel erscheint bloß als schmaler Streifen am Horizont, gelb wie Bernstein oder Zitrone und gegen Mitternacht lila. Kurz darauf ist Morgen, in der Ferne ein rötliches Gestäube, ein Sandsturm. Anderswo ein hundertfaches Ge'ader von blinkenden Flüssen in einer Ebene.« (Max Frisch)

Tatsächlich gibt es eine solch archaische, unwirtliche und raue Landschaft wie Islands Hochland in Europa kein zweites Mal, aber viel von ihrem Ruf als Land für Abenteurer beruht auf historischen Legenden, die von Trollen, bösen Geistern und Räubern erzählen, und auf »Pistengarn«, das Geländewagen- und SUV-Piloten der Gegenwart spinnen, um ihre »gewaltigen« Leistungen gegen Unbilden der Natur zu unterstreichen. Aber ehrlich:

Man muss ganz extreme Pisten schon mit der Lupe suchen, besonders solche, die man tunlichst nur im Konvoi fährt, damit man sich gegenseitig aus dem schlimmsten Schlamassel ziehen kann. Und bei all dem müssen europäische 4WD-Enthusiasten noch neidvoll auf die Isländer mit ihren Super-Jeeps schielen, die auf mannshohen, geradezu unanständig fetten Stollenreifen scheinbar mühelos über die schlimmsten Pisten fliegen. Und wenn die auf Gletschereis wollen, lassen sie einfach schnell Luft von den Reifen, die nach der Eispassage mit dem bordeigenen Kompressor wieder nachgeladen wird. Doch es zählt auch zu den modernen Legenden, dass man im Hochland offroad fahren darf: Die Freiheit auf vier Rädern, die mancher Mitteleuropäer hier erwartet, endet am Pistenrand. Jedes Verlassen der markierten Routen ist verboten und wird bestraft, die Polizei hält – unterstützt von Hobbyfliegern – sogar aus der Luft nach Sündern Ausschau. Und einmal ganz ehrlich: Wenn man die

Links: Wie abstrakte Kunst muten die bizarren Lavafelsen am Rand der Askja-Caldera an. – Rechts: Das Massiv der Kerlingarfjöll ist für erfahrene Wanderer ein Eldorado.

vielen zerfahrenen Berg- und Kraterhänge sieht, ist dieses harte Durchgreifen sogar mehr als nötig und berechtigt!

Zurück zu den Fakten: Hochlandstrecken sind oft rau, aber an viel befahrenen Routen sind die schwierigsten Passagen längst entschärft, fast alle größeren Flussfurten durch Brücken ersetzt. Mit einem einfachen, geländegängigen Fahrzeug kommt man mit etwas Planung und gutem Kartenmaterial – gängiges Navi-Kartenmaterial ist im Hochland zu unzuverlässig – auf vielen Routen problemlos vorwärts. Und immer häufiger kann man hinterher von der Tour nur noch berichten: »nicht gefurtet, nur geschüttelt«.

Wer diese Pisten aber weder sich noch seinem Fahrzeug zumuten will oder darf, weil der Mietwagenvertrag es nicht erlaubt, der benutzt den öffentlichen Verkehr, denn auch Linienbusse verkehren im Sommer durch das Hochland, oder schließt sich gleich einer Rundfahrt an. Im Hochland ist der Gebrauch geländegängiger Busse üblich, eine isländische Spezialität: Innen sind sie bequem und komfortabel, doch ihr Fahrwerk ist dem eines kräftigen Lkw ähnlicher als dem eines gewöhn-

lichen Reisebusses. Und wenn es auf Gletschereis geht, wird es ganz martialisch, dann kommen auch schon einmal zu Touristenbussen umgebaute Militärfahrzeuge zum Einsatz, die sonst Abschussrampen für Raketen tragen.

Menschenwerk in der Ödnis

Reisen durch das Landesinnere gehörten schon im frühen Mittelalter zum Alltag. So ist aus alten Sagatexten bekannt, dass viele Teilnehmer aus Nord- und Ostisland auf dem Weg zur jährlichen Thingversammlung in Þingvellir das Hochland durchquerten. Später verloren die Isländer das Interesse an diesem Teil ihres Landes, und je unbekannter es wurde, desto unheimlicher war es den Menschen. Das war die Zeit, in der das Hochland zum Zufluchtsort der Vogelfreien wurde, jener Menschen, die als Sühne für eine Straftat aus der Gemeinschaft verbannt und damit praktisch rechtlos wurden. Das Hochland bot ihnen Überlebensraum: So unwirtlich, dass sie vor zufälliger Entdeckung sicher sein konnten, und doch dank der Energie aus dem Erdinnern mit Oasen der Wärme ausgestattet, sodass sie hier zur Not sogar die Höchststrafe von 20 Jahren Verbannung überleben konnten. Das schaffte im 18. Jahrhundert der Gesetzlose Fjalla-Eyvindur, »Urvater« aller Survival-Fans, zusammen mit seiner Frau Halla. Die 20 Jahre haben aus dem kleinen Dieb Eyvindur einen Helden mit übermenschlichem Freiheits- und Lebenswillen gemacht, eine Hochlandlegende. »Eyvindur aus den Bergen« soll die heißen Quellen von Hveravellir am Rande des Kjalvegur sogar als Kochtöpfe genutzt haben, in denen er das Fleisch gestohlener Schafe garen ließ. Seine bescheidenen Behausungen, eher Erd- und Lavahöhlen denn Gebäude, sind heute die einzigen von Menschenhand in früheren Zeiten geschaffenen Attraktionen des Hochlands.

Anders und höchst umstritten ist Menschenwerk des 21. Jahrhunderts in dieser faszinierenden Ödnis: In eine ökologisch sehr sensible Region

Links: Das unwirtliche Hochland zeigt sich im Licht der aufgehenden Sonne von seiner schönsten Seite. – Rechts: Nächstes Ziel: Gletschereis. Extrem-Bustour zum Langjökull

im Nordosten des Hochlandes, zuvor eines der letzten unberührten Naturgebiete dieser Größenordnung überhaupt in Europa, klotzte Islands allmächtiger Energiekonzern Landsvirkjun für fast eine Milliarde Euro zwischen 2003 und 2009 mit Kárahnjúkavirkjun ein 690-MW-Wasserkraftwerk mit gigantischen Rückhaltebecken. Mehrere Dämme wurden in enge Flusstäler gequetscht, der größte 193 Meter hoch und an der Krone über 700 Meter breit. Sie stauen drei Wasserreservoirs, darunter Islands inzwischen drittgrößten See Hálslón, der auf einer Länge von gut 25 Kilometern bis an den Rand des Gletschereises reicht – einerseits eine imponierende Ingenieursleistung, andererseits ein massiver Eingriff in die Natur und den Wasserhaushalt im Osten Islands. So werden heute die Wassermassen der Jökulsá á Dal durch kilometerlange unterirdische Kanäle zum eigentlichen Kraftwerk geleitet und nach dem Rutsch durch die Turbinen in den zweiten involvierten Strom, die Jökulsá í Fljótsdal, weiter im Osten geleitet. Das hat noch nicht absehbare Auswirkungen bis zur Mündung der beiden Flüsse ins Meer. Und wofür das Ganze? Einziger Abnehmer des weltweit konkurrenzlos billigen Stroms ist die Fjardaál-Aluminiumhütte des US-Konzerns Alcoa, die vor allem Aluminium für Getränkedosen herstellt und am Reyðarfjörður in Ostisland erst gebaut werden musste, inklusive der 75 Kilometer Hochspannungsleitungen vom Kraftwerk zur Fabrik – und das alles trotz weltweiter Überkapazitäten! In solchen Projekten, so glauben internationale Berater und Geldgeber, liege die Zukunft der isländischen Wirtschaft.

Bunte Pioniere im Schottereinerlei

Ansonsten stehen Naturerlebnis, Naturbetrachtung und Naturkontakte in dieser Landschaft noch mehr im Vordergrund als sonst in Island. Überall bieten sich grandiose Aussichten auf Gletscherkuppen und Vulkankegel, große Panoramen einer ungewohnten Welt. Und trotzdem faszinieren auch die Details: Wasserfälle, Solfataren, Eishöhlen und grüne Tupfer, wo Pionierpflanzen selbst in dieser unwirtlichen Umgebung Wurzeln schlagen. Weite Flächen des Hochlands sind wüstengleich und ohne

Links: Aufgeblasenes Leimkraut – Rechts: Am Ufer des Fúlakvísl

Ein Paradies für Trekking-Fans
bilder das Kerlingarfjöll-Massiv abseits
der Mainstream-Wege.

jede Vegetation. Zwar mangelt es nicht an Regen, doch durch den lockeren Asche- und Schotterboden sickert jeder Tropfen Wasser sofort in tiefere Schichten – eine »edaphische Wüste«, wie das Phänomen wissenschaftlich heißt, entsteht. Wenige Minuten nach einem Schauer wirkt das Land wieder trocken, als wäre kein Tropfen gefallen. Nur wenige Pflanzen können unter diesen Bedingungen existieren und erscheinen als bunte Tupfer im grau-schwarzen Schottereinerlei. Solche Pionierpflanzen können am Beginn einer langsamen Begrünung stehen, wenn nicht andere Faktoren wie der fast arktische Winter, extrem kurze Wachstumsperioden, Winderosion und negative Eingriffe des Menschen diesen Prozess stören. Gerade aus dem letzten Grund sind die Umweltschutzbestimmungen im Hochland besonders streng.

Hölle in der Schachtel

Wo man dann nur Ödnis erwartet, überrascht das Gegenteil umso mehr: An geschützten Stellen und überall dort, wo es Quellen gibt, bilden sich grüne Oasen, manchmal gar blühende Wunderwelten.

Herðubreiðarlindir zu Füßen des Tafelvul-
kans Herðubreið im Nordosten übertrifft in
dieser Hinsicht alle anderen Plätze: Über
100 Pflanzenarten wachsen und blühen hier,
darunter seltene Enziane und Unmengen
leuchtend violetter Weidenröschen. Ziel
aller Touren, die in Herðubreiðarlindir

einen Stopp machen, ist die Askja, auf Deutsch »Schachtel«. Geologen
erkennen in ihr eine gewaltige, 40 Quadratkilometer große Caldera, eine
Senke, die sich nach einem Vulkanausbruch über einer entleerten und
dann kollabierten Magmakammer bildet. Wer keine Angst vor wieder
erwachenden Vulkanen und teuflischen Gerüchen hat, kann hier sogar
ein Bad in der »Hölle« nehmen, so heißt auf Deutsch der 1875 entstandene Krater Víti: Das Wasser in seinem Kratersee riecht zwar schwefelig,
ist aber warm. Noch faszinierendere Zeugnisse des geothermischen Spiels
von Feuer und Eis prägen das Kverkfjöll-Massiv am Nordrand des Vatnajökull. Hier fressen sich Dampfschwaden heißer Schwefelquellen
durch das Eis, und am Fuß des Gletschers schießt ein warmer Fluss aus
einer Höhle hervor. Paradox: In ihm kann man eigentlich nur im Winter
baden, weil er dann kein kaltes Schmelzwasser, sondern nur das Wasser
warmer Quellen führt, die sich unter dem Eis verbergen. Dass solche
Höhlen fragile, sich Jahr für Jahr ändernde Gebilde sind und einstürzen
können, muss man wohl nicht extra sagen – betreten sollte man sie ausschließlich mit einem erfahrenen Führer und auch dann nur nach Rück-
sprache mit einem zuständigen Nationalpark-Ranger.
Geothermik sorgt auch für das Highlight an der abwechslungsreichsten
Nord-Süd-Querung des Hochlands, am Kjalvegur. Hveravellir heißt die
ungewöhnliche Welt dampfender, in vielen Farben schillernder Quellen
und Sinterflächen mitten in der Kjölur-Ebene. Sogar ein Hot Pot lädt
zum Entspannungsbad ein, gefüllt mit heißem Quellwasser. Schöner als
hier können sich die Widersprüche dieser Landschaft, geboren aus dem
vulkanischen Innenleben Islands, nicht ausdrücken.

Links: Grandiose Aussichten bietet im Hochland nicht nur das Kerlingarfjöll-Massiv. –
Rechts: Bad im Hot Pot vor der Wanderhütte von Hveravellir

Die Top Ten Islands

Golden-Circle-Tour

Von Reykjavík führt dieser Klassiker zu Highlights im Südwesten, zu den Geysiren im Haukadalur, zum Goldenen Wasserfall und zur historischen Parlamentsstätte Þingvellir – jedes der drei Ziele eine Top-Ten-Attraktion für sich. Ob mit einem Rundfahrtbus (www.re.is), mit einem Tagesticket für Linienbusse oder individuell mit einem Wagen – die Tour ist ein Muss für Island-Besucher. Auch als »extended version« mit Option zum Rafting oder Jet Boating auf der Hvítá, zum Wellnessstopp im Thermalbad »Laugarvatn Fontana« oder zum Tauchen zwischen den »Kontinenten« in der Silfra-Spalte von Þingvellir.

Vestmannaeyjar – die Westmänner-Inseln

Die Inselgruppe vor Südisland ist vom Vulkanismus geprägt: 1963 stieg der Surtsey aus dem Meer und zehn Jahre später brach auf der Hauptinsel Heimaey neben der 5000-Einwohner-Stadt der Vulkan Eldfell aus. Heimaey gilt mit seinen Erinnerungen an den 73er-Ausbruch, z.B. den »Pompei of the North«-Ausgrabungen, als beliebtes Flightseeing-Ziel ab Reykjavík (25 Min.; www.airiceland.is) oder ab dem kleinen Flugfeld Bakki, den Inseln auf dem Festland gleich gegenüber mit nur fünf Minuten Flugzeit (www.eyjaflug.is). Dank der 30-Minuten-Fährverbindung ab Landeyjahöfn kann

man den Inseln auch mit dem Schiff leicht einen Tagesbesuch abstatten (www.herjolfur.is).

Bláa Lónið – die Blaue Lagune

Der schönste Badesee zwischen alter und neuer Welt nutzt »Abwässer« einer futuristisch wirkenden Energiefabrik. Dort kommt mineralhaltiger, 240 °C heißer Dampf aus tiefen Bohrlöchern an die Oberfläche, um durch Wärmeaustausch Strom, Fernwärme und Heißwasser für die Südwesthalbinsel zu produzieren. Auf 70 °C abgekühlt, wird das Wasser in eine künstliche Badelandschaft mitten in einem Lavafeld geleitet und bildet die Blaue Lagune. Heißere und kühlere Stellen bieten für jeden einen individuellen »Point of Wellness«.

Gletscher Vatnajökull

Die Piste, die der Allradbus auf dem Weg zum Berghotel »Jöklasel« am Skálafellsjökull überwindet, ist sensationell, die Aussicht von oben auf Islands Südküste eine Offenbarung, und der Erlebnistrip mit einem Motorschlitten über Europas größte Eismasse, den Vatnajökull, die Krönung. Wieder auf Meereshöhe angelangt, können Sie eine Bootsfahrt in die Glitzerwelt der Eisberge auf der Gletscherlagune Jökulsárlón machen! Wer es eilig hat, fliegt morgens von Reykjavík nach Höfn, macht von dort den Gletschertrip, und nimmt die Abendmaschine zurück (www.eagleair.is).

Der See Mývatn

Der See zählt zu Islands sonnen-reichsten Attraktionen. Umgeben ist er von Kratern und Vulkanbergen aller Art, blutjungen Lavaflächen, bizarren Gesteinsformationen, Islands bekanntestem Solfataren-Feld, heißen Badegrotten und einem Wohlfühl-Thermalbad im Stil der Blauen Lagune. Den See selbst bevölkern unzählige Enten, zudem ist er ein idealer Aus-gangspunkt für Erkundungen im ge-samten Nordosten Islands – auch die Whalewatch-Hochburg Húsavík ist nah. Planen Sie hier mindestens zwei volle Tage ein.

Látrabjarg – ganz im Westen

Europas westlichster Punkt ist eine von Millionen von Seevögeln bevöl-kerte Klippenpartie. Hier existiert die größte Tordalk-Kolonie der Welt, und die putzigen Papageitaucher sind oft so zutraulich, dass sie den Foto-grafen in die Linse picken.

Kjalvegur – Hochlandroute über das Kjölur-Plateau

Das raue, unbewohnte Hochland zieht uns Mitteleuropäer besonders in seinen Bann. Es ist so anders, im Vergleich zu unseren Heimatländern. Aber wenn schon eine Hochland-durchquerung, dann die Kjölur-Route: vom Wasserfall Gullfoss vorbei am Gletschersee Hvítárvatn und an Hveravellir, dem schönsten Thermal-gebiet des Landes, bis zum Wasser-kraftwerk Blöndustöð. Der ultimative Tipp für Island-Einsteiger, die etwas vom Hochland sehen wollen.

Jökulsárgljúfur – der Canyon

Islands größter Fluss-Canyon Jökulsárgljúfur im Nordosten ist Teil des Vatnajökull-Nationalparks (www.vatnajokulsthjodgardur.is) mit bizarren Basaltformationen, beein-druckenden Wasserfällen und der sagenumwobenen Schlucht Ásbyrgi mit ihren imposanten Felswänden – Highlight für Naturfreunde und per-fektes Trekkinggebiet. Ásbyrgi ent-stand einer Sage nach als Hufabdruck von Odins achtbeinigem Höllenpferd Sleipnir.

Snæfellsjökull – Gletscher im Westen

Jules Verne und Islands Literatur-Nobelpreisträger Halldór Laxness haben dem Snæfellsjökull, einem ver-gletscherten Vulkan, der zuletzt vor etwa 2000 Jahren aktiv war, zu litera-rischem Ruhm verholfen. Er zählt zu den schönsten Bergen der Welt und präsentiert sich besonders sehenswert an seiner Westflanke, wenn sie als letzter Flecken Europas vom Licht der Abendsonne vergoldet wird.

Hallgrímskirkja – Aussicht über Reykjavík

Die Kirche ragt markant aus Reykja-víks Zentrum hervor. Nach mehr als 40-jähriger Bauzeit konnte sie im Jahr 1987 geweiht werden. Islands langjähriger Staatsarchitekt Guðjón Samúelsson (1887–1950) lieferte die Pläne, auch hier verneigt er sich vor den Formen der isländischen Natur: Er ließ den Beton zu einer Reihe von Säulenbasaltstangen werden, die sich wie die Silhouette eines eruptieren-den Geysirs zum Turm hinauf erhe-ben.
Im Innenraum prägt vollendete Neo-gotik einen Raum, dessen Akustik der gewaltigen Orgel jene Resonanz bietet, die sie zu einem Mekka der weltbesten Organisten macht. Musikfreunde soll-ten hier unbedingt ein Konzert genie-ßen. Visuellen Genuss bietet indes die Aussichtsplattform im 73 Meter hohen Kirchturm: Nirgendwo sonst ist der Blick über Reykjavík so perfekt.

Der Gletscherfluss Jökulsá á Fjöllum stürzt nicht nur den berühmten Dettifoss hinab, sondern knapp einen Kilometer flussaufwärts auch den Selfoss – dort zwar nur zehn Meter, dafür aber auf einer breiten Front.

Register

140

Bildnachweis

Umschlag:
Vorderseite (v.o.n.u.): Der Goðafoss (Hans Klüche); Islandpferde (Erik Van de Perre); Ein fliegender Papageitaucher (Shutterstock/Nicolas Primola); Wikingerhelm (Shutterstock/Michael Vigliotti); Lachs (Shutterstock/annalisa e marina durante); Rückseite: Die Gletscherlagune Jökulsárlón (Erik Van de Perre).

In klaren Winternächten kann man mit Glück faszinierendes Nordlicht erleben!

Impressum

Verantwortlich: Marianne Huber
Korrektorat: Viola Siegemund
Layout: graphitecture book & edition
Repro: LUDWIG:media
Kartografie: Kartographie Huber, Heike Block
Umschlaggestaltung: Frank Duffek
Herstellung: Miriam Tönnes
Printed in Italy by Printer Trento

Sind Sie mit diesem Titel zufrieden? Dann würden wir uns über Ihre Weiterempfehlung freuen.
Erzählen Sie es im Freundeskreis, berichten Sie Ihrem Buchhändler, oder bewerten Sie bei Onlinekauf.
Und wenn Sie Kritik, Korrekturen, Aktualisierungen haben, freuen wir uns über Ihre Nachricht an Bruckmann Verlag, Postfach 40 02 09, D-80702 München oder per E-Mail an lektorat@verlagshaus.de.

Unser komplettes Programm finden Sie unter 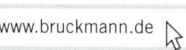 www.bruckmann.de

Alle Angaben dieses Werkes wurden vom Autor sorgfältig recherchiert und auf den aktuellen Stand gebracht sowie vom Verlag geprüft. Für die Richtigkeit der Angaben kann jedoch keine Haftung übernommen werden.

Seite 1 links: Ausritt vom Reithof Hestheimar bei Hella im Süden Islands.
Rechts: Ein Buckelwal verabschiedet sich mit einem Flukenschlag.
Seite 2/3: Die Sumpflandschaft Mýrar erstreckt sich nördlich von Borgarnes.
Seite 4/5: Der Seljalandsfoss östlich von Hvolsvöllur

Die Deutsche Nationalbibliothek verzeichnet diese Publikation in der Deutschen Nationalbibliografie; detaillierte bibliografische Daten sind im Internet über http://dnb.d-nb.de abrufbar.

© 2017 Bruckmann Verlag GmbH, München
ISBN 978-3-7343-0766-9